高校入試 10日でできる 公民

特長と使い方

◆1日4ページずつ取り組み，10日間で高校入試直前に弱点が克服(こくふく)でき，実戦力が強化できま

な知識を身につけましょう。
問題を解いてみましょう。

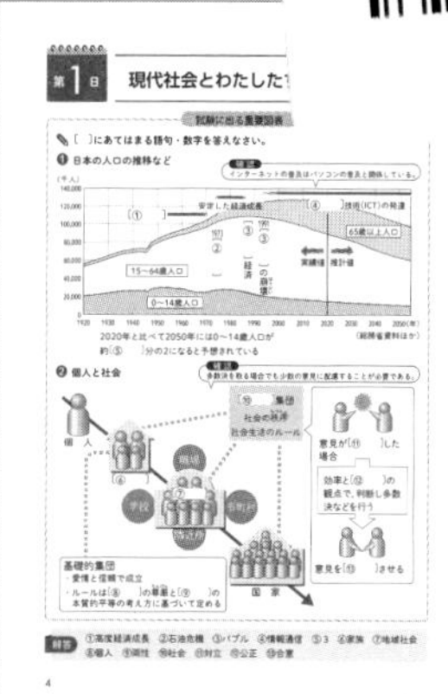

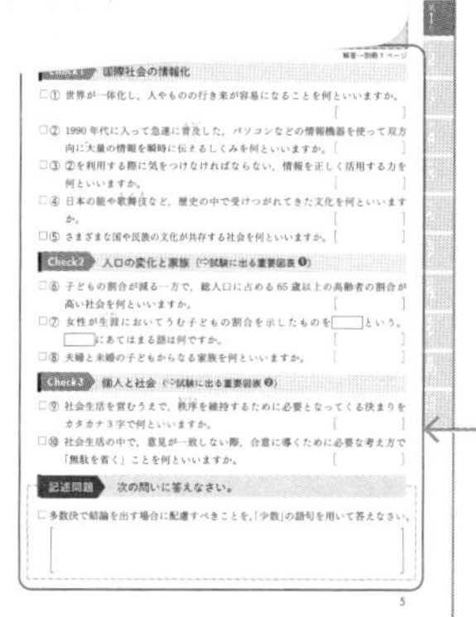

ここをおさえる！

入試で問われることと，その対策をまとめています。

Check　記述問題

各単元の重要事項を，一問一答と記述式の問題で確認できます。

入試実戦テスト 入試問題を解いて，実戦力を養いましょう。

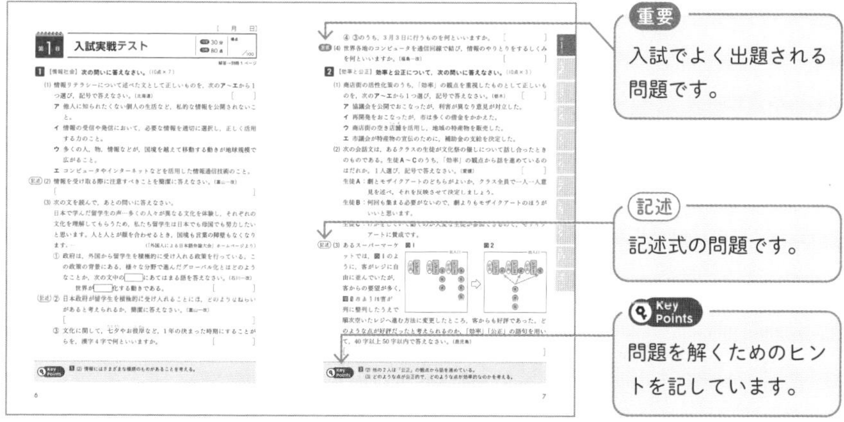

◆巻末には「総仕上げテスト」として，総合的な問題や，思考力が必要な問題を取り上げたテストを設けています。10日間で身につけた力を試しましょう。

目次と学習記録表

◆学習日と入試実戦テストの得点を記録して，自分自身の弱点を見極めましょう。

◆１回だけでなく，復習のために２回取り組むことでより理解が深まります。

本書に関する最新情報は，小社ホームページにある**本書の「サポート情報」**をご覧ください。（開設していない場合もございます。）
なお，この本の内容についての責任は小社にあり，内容に関するご質問は直接小社におよせください。

出題傾向

◆「社会」の出題割合と傾向

〈「社会」の出題割合〉

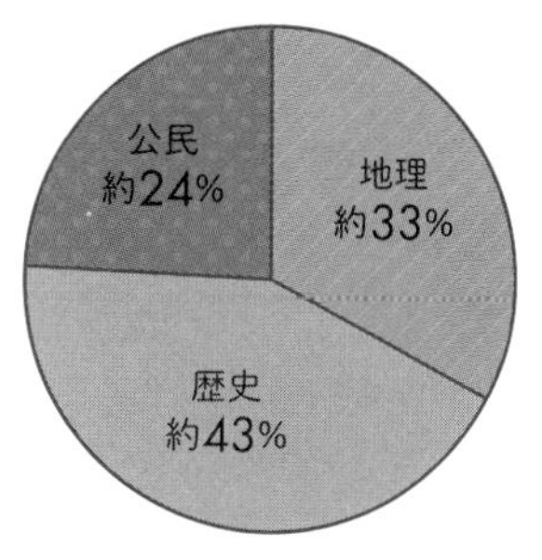

〈「社会」の出題傾向〉

- ３分野からバランスよく出題されている。
- 地図や写真，統計資料，歴史史料などを利用する設問が増えている。
- 記号選択が多く，次に用語記述が多い。また，多くの地域で文章記述問題が出題される。
- 地域によっては，大問の中で複数の分野にまたがる分野融合問題が出題される場合がある。

◆「公民」の出題傾向

- 多くの地域では，政治と経済からバランスよく出題されているが，不定期に国際分野が出題されることがあるので，用心しておこう。
- 国家主権や地方創生に関する出題が増えている。
- 経済や国際社会に関する内容では，家計，消費者の権利，環境問題，エネルギー問題が取り上げられやすい。

合格への対策

◆教科書の内容を徹底的に復習しよう

- 公民の入試で問われる知識は，教科書レベルの内容が中心のため，「教科書の理解を深めること＝合格への王道」です。
- 各分野の重要事項は，関連する用語・しくみを図表などで整理して覚えよう。

◆入試問題を知り，慣れよう

教科書や参考書・問題集で理解したり，得たりした知識が，入試問題を解くときに使いこなせるかどうかを練習問題で確認しよう。

◆誤りの原因を分析→復習をくり返す→弱点をつぶして得点源に

- 誤った問題は，「なぜ，誤ったのか？」という原因を分析しよう。「重要事項を覚えていなかった」「ケアレスミス」など，原因はさまざまです。分析後，関係する基本事項を確認して解き直し，根気よく復習して弱点をつぶそう。
- 社会科は，短期間でよく復習して重要事項を記憶に定着させることが大切。

[　　月　　日]

第1日 現代社会とわたしたちの生活

試験に出る重要図表

✎[　]にあてはまる語句・数字を答えなさい。

❶ 日本の人口の推移など

❷ 個人と社会

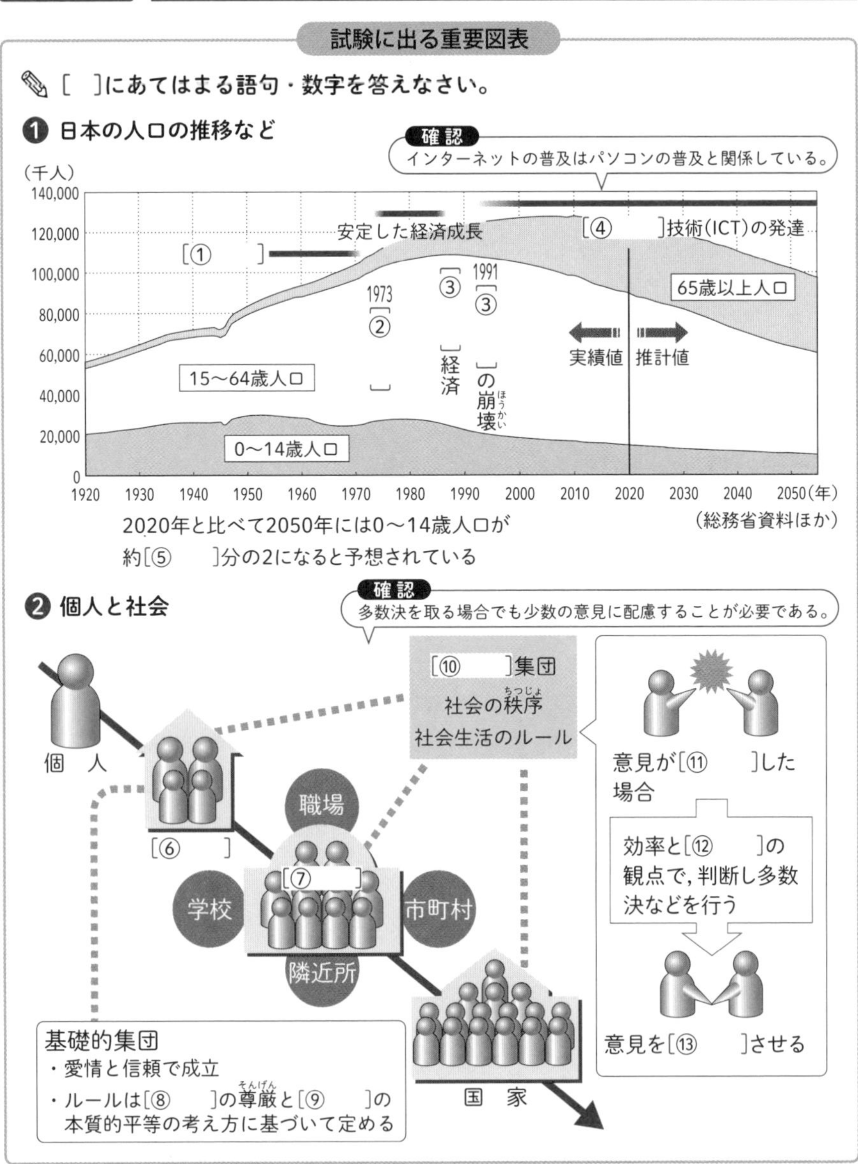

解答 ①高度経済成長　②石油危機　③バブル　④情報通信　⑤3　⑥家族　⑦地域社会　⑧個人　⑨両性　⑩社会　⑪対立　⑫公正　⑬合意

ここをおさえる！

① インターネットの普及が大量の情報のやりとりを可能にした。
② 今後，日本の総人口は減少すると予想されていることに注意。
③ 全体に占める高齢者の割合は高くなっている。

解答→別冊1ページ

Check1 国際社会の情報化

□① 世界が一体化し，人やものの行き来が容易になることを何といいますか。 [　　　　]

□② 1990年代に入って急速に普及（ふきゅう）した，パソコンなどの情報機器を使って双方向に大量の情報を瞬時に伝えるしくみを何といいますか。 [　　　　]

□③ ②を利用する際に気をつけなければならない，情報を正しく活用する力を何といいますか。 [　　　　]

□④ 日本の能や歌舞伎（かぶき）など，歴史の中で受けつがれてきた文化を何といいますか。 [　　　　]

□⑤ さまざまな国や民族の文化が共存する社会を何といいますか。 [　　　　]

Check2 人口の変化と家族（⇨試験に出る重要図表❶）

□⑥ 子どもの割合が減る一方で，総人口に占める65歳以上の高齢者の割合が高い社会を何といいますか。 [　　　　]

□⑦ 女性が生涯（しょうがい）においてうむ子どもの割合を示したものを[　　　]という。[　　　]にあてはまる語は何ですか。 [　　　　]

□⑧ 夫婦と未婚の子どもからなる家族を何といいますか。 [　　　　]

Check3 個人と社会（⇨試験に出る重要図表❷）

□⑨ 社会生活を営むうえで，秩序（ちつじょ）を維持するために必要となってくる決まりをカタカナ3字で何といいますか。 [　　　　]

□⑩ 社会生活の中で，意見が一致しない際，合意に導くために必要な考え方で「無駄を省く」ことを何といいますか。 [　　　　]

記述問題 次の問いに答えなさい。

□ 多数決で結論を出す場合に配慮すべきことを,「少数」の語句を用いて答えなさい。

[　　　　　　　　　　　　　　　　　　]

[　月　日]

第1日 入試実戦テスト

時間 30分　合格 80点　得点 ／100

解答→別冊1ページ

1【情報社会】**次の問いに答えなさい。**（10点×7）

(1) 情報リテラシーについて述べた文として正しいものを，次の**ア～エ**から1つ選び，記号で答えなさい。〔北海道〕　[　　]

ア 他人に知られたくない個人の生活など，私的な情報を公開されないこと。

イ 情報の受信や発信において，必要な情報を適切に選択し，正しく活用する力のこと。

ウ 多くの人，物，情報などが，国境を越えて移動する動きが地球規模で広がること。

エ コンピュータやインターネットなどを活用した情報通信技術のこと。

(記述) (2) 情報を受け取る際に注意すべきことを簡潔に答えなさい。〔富山―改〕

[　　　　　　　　　　　　　　　　　　　　]

(3) 次の文を読んで，あとの問いに答えなさい。

日本で学んだ留学生の声…多くの人々が異なる文化を体験し，それぞれの文化を理解してもらうため，私たち留学生は日本でも母国でも努力したいと思います。人と人とが顔を合わせるとき，国境も言葉の障壁もなくなります。…　（「外国人による日本語弁論大会」ホームページより）

① 政府は，外国から留学生を積極的に受け入れる政策を行っている。この政策の背景にある，様々な分野で進んだグローバル化とはどのようなことか，次の文中の□にあてはまる語を答えなさい。〔石川―改〕

世界が□化する動きである。　[　　]

(記述) ② 日本政府が留学生を積極的に受け入れることには，どのようなねらいがあると考えられるか，簡潔に答えなさい。〔富山―改〕

[　　　　　　　　　　　　　　　　　　　　]

③ 文化に関して，七夕(たなばた)やお彼岸(ひがん)など，1年の決まった時期にすることがらを，漢字4字で何といいますか。　[　　]

Key Points
1 (2) 情報にはさまざまな種類のものがあることを考える。

④ ③のうち，3月3日に行うものを何といいますか。 [　　　　　]

重要 (4) 世界各地のコンピュータを通信回線で結び，情報のやりとりをするしくみを何といいますか。〔福島一改〕 [　　　　　]

2 【効率と公正】**効率と公正について，次の問いに答えなさい。**（10点×3）

(1) 商店街の活性化策のうち，「効率」の観点を重視したものとして正しいものを，次の**ア**～**エ**から1つ選び，記号で答えなさい。〔栃木〕 [　　]

ア 協議会を公開でおこなったが，利害が異なり意見が対立した。

イ 再開発をおこなったが，市は多くの借金をかかえた。

ウ 商店街の空き店舗（てんぽ）を活用し，地域の特産物を販売した。

エ 市議会が特産物の宣伝のために，補助金の支給を決定した。

(2) 次の会話文は，あるクラスの生徒が文化祭の催しについて話し合ったときのものである。生徒**A**～**C**のうち，「効率」の観点から話を進めているのはだれか。1人選び，記号で答えなさい。〔愛媛〕 [　　]

生徒**A**：劇とモザイクアートのどちらがよいか，クラス全員で一人一人意見を述べ，それを反映させて決定しましょう。

生徒**B**：何回も集まる必要がないので，劇よりもモザイクアートのほうがいいと思います。

生徒**C**：けがをしていて動くのが大変な生徒が参加できるので，モザイクアートに賛成です。

記述 (3) あるスーパーマーケットでは，**図1**のように，客がレジに自由に並んでいたが，客からの要望が多く，**図2**のように客が一列に整列したうえで順次空いたレジへ進む方法に変更したところ，客からも好評であった。どのような点が好評だったと考えられるのか，「効率」「公正」の語句を用いて，40字以上50字以内で答えなさい。〔鹿児島〕

図1

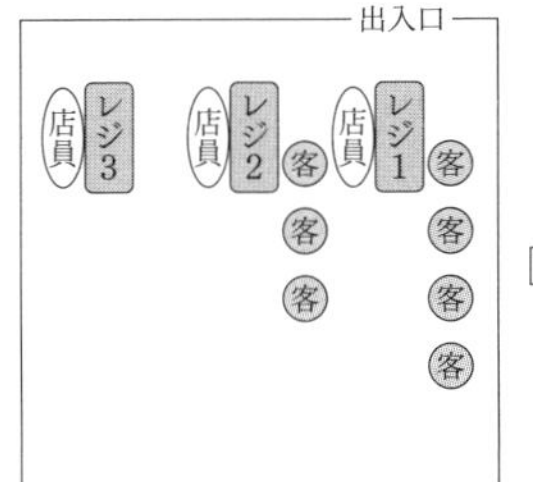

図2

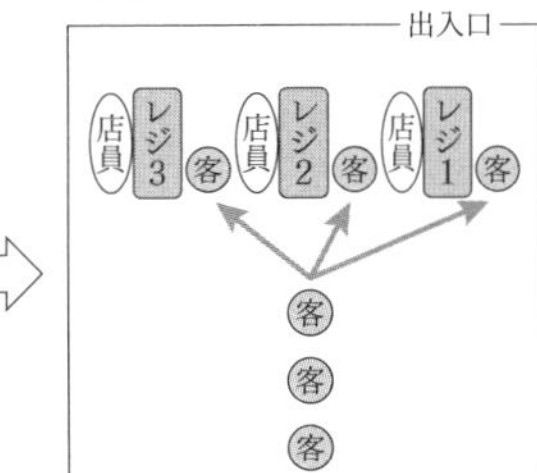

[　　　　　　　　　　　　　　　　　　　　　　　　]

Key Points

2 (2) 他の2人は「公正」の観点から話を進めている。

(3) どのような点が公正的で，どのような点が効率的なのかを考える。

[　月　日]

第2日 人間の尊重と日本国憲法

試験に出る重要図表

✎ [　]にあてはまる語句を答えなさい。

確認
政治の最終的な決断を下す者を主権者という。

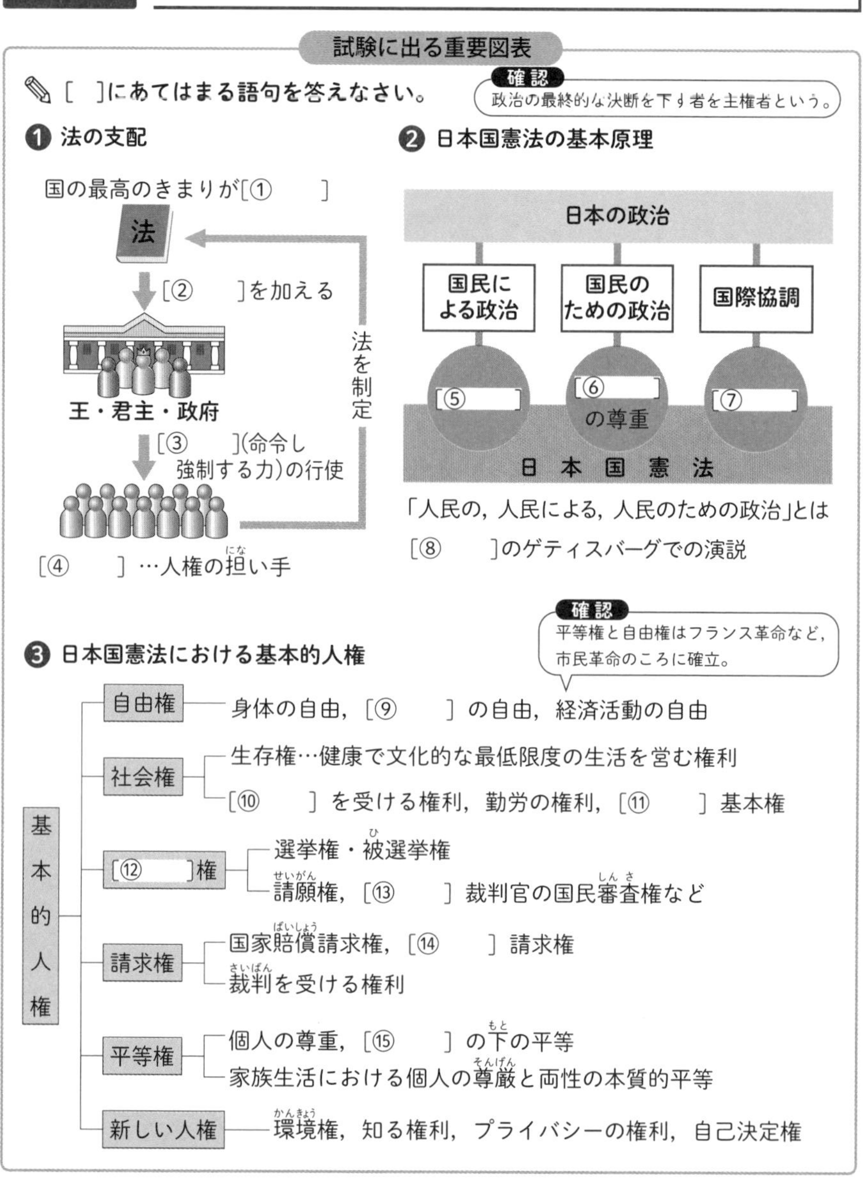

解答
①憲法　②制限　③政治権力　④国民　⑤国民主権　⑥基本的人権　⑦平和主義
⑧リンカン　⑨精神　⑩教育　⑪労働　⑫参政　⑬最高裁判所　⑭刑事補償　⑮法

ここをおさえる！

① 平和主義にもとづいて定められたものに非核三原則がある。
② 生存権は健康で文化的な最低限度の生活を営む権利。
③ 1948 年には国際連合で世界人権宣言が採択された。

解答→別冊 2 ページ

Check1 法と政治（⇨試験に出る重要図表 ❶）

□ ① 『法の精神』を著して人権保障の確立に影響を与えた，フランスの思想家はだれですか。 [　　　　]

□ ② 1919 年にドイツで制定されたワイマール憲法によって世界で初めて明文化された，生存権などを含む権利を何といいますか。 [　　　　]

Check2 日本国憲法の基本原理（⇨試験に出る重要図表 ❷）

□ ③ 日本国憲法の 3 つの基本原理とは，国民主権，基本的人権の尊重ともう 1 つは何ですか。 [　　　　]

□ ④ 憲法では，天皇の地位を日本国及(およ)び日本国民統合の□と定めている。□にあてはまる語は何ですか。 [　　　　]

□ ⑤ 国会が憲法の改正を発議するためには，各議院でどれだけの賛成が必要ですか。 [　　　　　　　]

Check3 基本的人権（⇨試験に出る重要図表 ❸）

□ ⑥ 憲法第 13 条に定める□権は，新しい人権の根拠(こんきょ)とされる。□にあてはまる語は何ですか。 [　　　　]

□ ⑦ 自由権には，身体の自由，精神の自由ともう 1 つは何がありますか。 [　　　　]

□ ⑧ 憲法第 12 条では，国民は，自由と権利を濫用(らんよう)してはならず，何のために利用する責任を負うと定められていますか。 [　　　　]

□ ⑨ 憲法で課(か)している国民の義務は，子どもに普通(ふつう)教育を受けさせる義務，勤労の義務ともう 1 つは何ですか。 [　　　　]

記述問題 次の問いに答えなさい。

□ 非核三原則とはどのような原則か，簡潔に答えなさい。

[　　　　　　　　　　　　　　　　　　　　]

［　月　日］

第2日 入試実戦テスト

時間 30分　合格 75点　得点 ／100

解答→別冊 2 ページ

1 【人権の尊重】**次の文は，職場見学で図書館を訪問したときのものである。これを読んで，あとの問いに答えなさい。**（10点×3）

憲法記念日にあわせて，a憲法やb人権問題のコーナーをつくるために，書庫から関連した本を運んでいた。憲法調査会で議論になったc新しい人権や地方自治などの本も並んでいた。司書の方はいろいろな質問に答えてくれた。

重要 (1) 下線部**a**について，日本国憲法における国民の３つの義務として適当でないものを，次の**ア**～**エ**から１つ選び，記号で答えなさい。［　］

ア 納税の義務　**イ** 勤労の義務

ウ 投票の義務　**エ** 子どもに普通教育を受けさせる義務

(2) 下線部**b**について，人権の歴史に関する次の**ア**～**ウ**の宣言や憲法を，年代の古い順に並べかえ，記号で答えなさい。［　→　→　］

ア 世界人権宣言　**イ** フランス人権宣言　**ウ** ワイマール憲法

(3) 下線部**c**について，このような権利として正しいものを，次の**ア**～**エ**から１つ選び，記号で答えなさい。〔山口〕［　］

ア 裁判を受ける権利　**イ** 団体行動権　**ウ** 知る権利　**エ** 財産権

2 【日本国憲法】**次の問いに答えなさい。**（10点×2）

重要 (1) 次の憲法の条文中の［　　］にあてはまる語を漢字２字で答えなさい。

すべて国民は，法の下（もと）に［　　］であつて，人種，信条，性別，社会的身分又（また）は門地（もんち）により，政治的，経済的又は社会的関係において，差別されない。［　］

(2) 日本国憲法に定められた基本的人権が，公共の福祉（ふくし）によって制限を受ける例として適切でないものを，次の**ア**～**エ**から１つ選びなさい。〔山梨〕［　］

ア 特定の感染症患者（かんせんしょうかんじゃ）を強制的に入院させる。

イ 駅前での集会をすべて禁止する。

ウ 無資格で医師として活動することをすべて禁止する。

エ 他人の名誉（めいよ）を傷つける行為（こうい）を禁止する。

Key Points
1 (1) 義務は守らないと罰せられることがある。
2 (2) 公共の福祉とは社会全体の利益のこと。

3 【人権の尊重と日本国憲法】**次の文を読んで，あとの問いに答えなさい。**

（10点×5）

大日本帝国憲法では，[A]が統治権をもち，国民の権利については，その範囲を[B]によっていつでも制限できるとしていた。日本国憲法では，基本的人権を侵すことのできない永久の権利として保障するなど，a 人権保障の大切さをうたっている。たとえば，b すべての国民には健康で文化的な生活を営む権利があることなどが規定されている。

現在では，近年の科学技術の発展や急激な社会の変化が，憲法に規定されていなかった c 環境権や d プライバシーの権利などの新しい人権を生み出している。

(1) 文中の[A]，[B]にあてはまる語の組み合わせとして正しいものを，次の**ア**～**エ**から１つ選び，記号で答えなさい。［　　］

ア A－天皇　B－法律　　**イ** A－天皇　B－裁判

ウ A－国民　B－法律　　**エ** A－国民　B－裁判

(2) 下線部aについて，日本国憲法で保障される自由権のうち，経済活動の自由に属するものを，次の**ア**～**エ**から１つ選び，記号で答えなさい。〔鳥取〕［　　］

ア 居住・移転および職業選択の自由　　**イ** 法定手続きの保障

ウ 集会・結社・表現の自由　　**エ** 学問の自由

(3) 下線部bの権利は社会権の１つである。次の**ア**～**エ**のうち，社会権にあたるものを１つ選び，記号で答えなさい。〔青森一改〕［　　］

ア 教育を受ける権利　　**イ** 国や地方公共団体に請願する権利

ウ 裁判を受ける権利　　**エ** 公務員の選定及び罷免の権利

重要 記述 (4) 下線部cの取り組みの１つに環境アセスメントがある。環境アセスメントとはどのような制度か。「開発」「影響」の語句を用いて答えなさい。〔新潟〕

［　　］

(5) 下線部dについて，プライバシーの権利は他の権利と衝突することがある。次の文章はどのような権利と衝突したか，答えなさい。〔岩手・北海道一改〕

「ある作家が月刊誌に発表した小説の内容が，実在の人物をモデルにしたものだった。これに対して，実在の人物はプライバシーや名誉を傷つけられたとして作家を訴えた。」［　　］

Key Points

3 (1) A大日本帝国憲法の主権者があてはまる。
(5) 自由権のなかのある権利と衝突している。

[　　月　　日]

第3日 国会，内閣

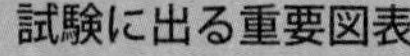

試験に出る重要図表

[　]にあてはまる語句・数字を答えなさい。

❶ 二院制

確認 参議院の議員数は 245 人であったが，2022 年の改選より 3 人増え，248 人とされた。

	議員数	任期	被選挙権
衆議院	比例代表(176)，小選挙区(289)	[①　　]年・解散あり	[②　　]歳以上
参議院	比例代表(100)，選挙区(148)	6年・3年ごとに半数を改選	[③　　]歳以上

（議員数は 2022 年 7 月末現在）

❷ 法律の制定

確認 法律案の審議は衆議院と参議院のどちらが先に始めてもよい。

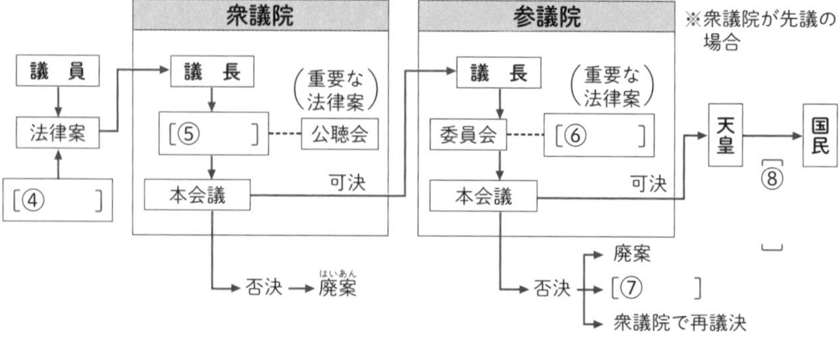

❸ 議院内閣制と行政

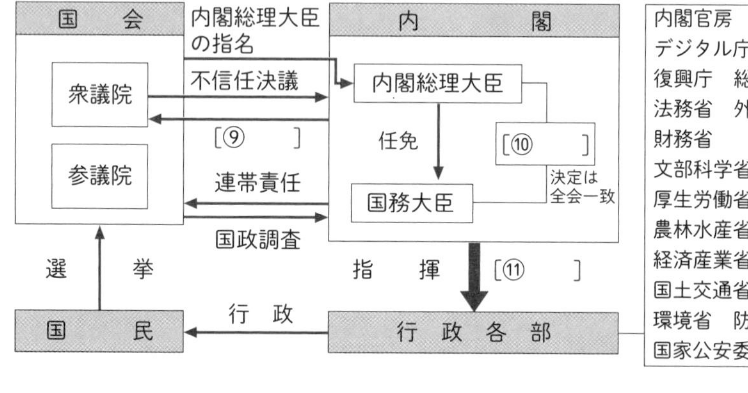

解答 ①4　②25　③30　④内閣　⑤委員会　⑥公聴会　⑦両院協議会　⑧公布　⑨解散　⑩閣議　⑪監督

ここをおさえる!

① 衆議院議員選挙は小選挙区比例代表並立制で行う。
② 小選挙区制は二大政党になりやすい。
③ 内閣不信任決議をできるのは衆議院のみ。

解答→別冊４ページ

Check1 国会の地位としくみ（⇨試験に出る重要図表 ❶）

□① 国会は国権の最高機関であり，国の唯一（ゆいいつ）の[　　]機関であると憲法で定められている。[　　]にあてはまる語は何ですか。 [　　　　]

□② 衆議院と参議院など，２つの議院からなる議会のしくみは何ですか。 [　　　　]

□③ 衆議院と参議院のうち，衆議院により強い権限が認められていることを何といいますか。 [　　　　]

□④ 衆議院議員総選挙で採用されている選挙制度は何ですか。 [　　　　]

Check2 国会の運営（⇨試験に出る重要図表 ❷）

□⑤ 毎年１回，１月に開かれる国会を何といいますか。 [　　　　]

□⑥ 必ず衆議院で先に審議（しんぎ）される議案は何ですか。 [　　　　]

□⑦ 各議院の全議員で構成される会議を何といいますか。 [　　　　]

□⑧ 委員会で，学識経験者などから意見を聴取するために開かれる会を何といいますか。 [　　　　]

Check3 議院内閣制（⇨試験に出る重要図表 ❸）

□⑨ 内閣総理大臣は，[　　]の中から国会によって指名される。[　　]にあてはまる語は何ですか。 [　　　　]

□⑩ 内閣は，内閣総理大臣と，内閣総理大臣によって任命される[　　]によって構成される。[　　]にあてはまる語は何ですか。 [　　　　]

□⑪ 内閣が国会の信任で成立し，国会に対して連帯責任を負うしくみを何といいますか。 [　　　　]

記述問題 次の問いに答えなさい。

□内閣不信任決議が可決された場合の内閣の対応を２つ答えなさい。

[　　　　　　　　　　　　　　　　　　　　]

［　月　日］

第3日 入試実戦テスト

時間 30分　合格 75点　得点 ／100

解答→別冊4ページ

1 【国会と内閣】**次の文を読んで，あとの問いに答えなさい。**（7点×10）

国民の自由や権利を守るために，わが国の政治では，A国会の信任に基づいてB内閣が成立し，内閣は国会に対して責任を負う，というCしくみを採用している。

(1) 下線部Aについて，国会の仕事として適切でないものを，次の**ア～エ**から1つ選び，記号で答えなさい。〔山形〕［　　］

ア 条例の制定　**イ** 予算の議決
ウ 弾劾（だんがい）裁判所の設置　**エ** 条約の承認

(2) 下線部Aについて，次のX，Yの正誤の組み合わせとして正しいものを，あとの**ア～エ**から1つ選び，記号で答えなさい。〔埼玉'21〕［　　］

X 全国民を代表する選挙された議員によって構成される国会は，国権の最高機関であり，唯一（ゆいいつ）の行政機関である。

Y 衆議院と参議院は国政調査権をもち，証人を議院に呼んで質問したり，政府に記録の提出を要求したりすることができる。

ア X－正　Y－正　**イ** X－正　Y－誤
ウ X－誤　Y－正　**エ** X－誤　Y－誤

(3) 下線部Aについて，国会を構成する衆議院と参議院を比較した次の表中のP～Sにあてはまる数字を，それぞれ答えなさい。〔富山〕

P［　　］　Q［　　］　R［　　］　S［　　］

表　衆議院と参議院の比較（2022年現在）

	衆議院	参議院
議員定数	465人	248人
任期	［　P　］年	6年(3年ごとに半数改選)
選挙権	［　Q　］歳以上	
被選挙権	［　R　］歳以上	［　S　］歳以上
解散	あり	なし

Key Points
1 (3) 議員定数については，衆議院，参議院とも，たびたび増減がくり返されている。また，選挙権は，2016年より現在の年齢に改正された。

(4) 下線部**B**について，内閣の説明として適切でないものを，次の**ア**～**エ**から1つ選び，記号で答えなさい。〔富山〕 [ ]

ア 内閣は，内閣総理大臣と国務大臣とで構成され，国務大臣の過半数は国会議員でなければならない。

イ 内閣は，天皇の国事行為への助言と承認を行う。

ウ 内閣は，最高裁判所長官を任命し，また，罷免(ひめん)する権限をもつ。

エ 内閣は，予算案を作成して国会へ提出する。

(5) 下線部**C**のしくみを何というか，答えなさい。 [ ]

(6) 国会と内閣の関係について正しいものを，次の**ア**～**エ**から2つ選び，記号で答えなさい。 [ ][ ]

ア 内閣は，国会の締結(ていけつ)した条約を承認する。

イ 内閣の作成した予算案は，国会で審議して議決する。

ウ 法律案を国会に提出できるのは，内閣と国会議員である。

エ 国会は，弾劾裁判において国務大臣を罷免できる。

2 【二院制】**右の図を見て，次の問いに答えなさい。**(6点×5)

(1) 図中の**X**～**Z**にあてはまる語を，次の**ア**～**ウ**から1つずつ選び，記号で答えなさい。

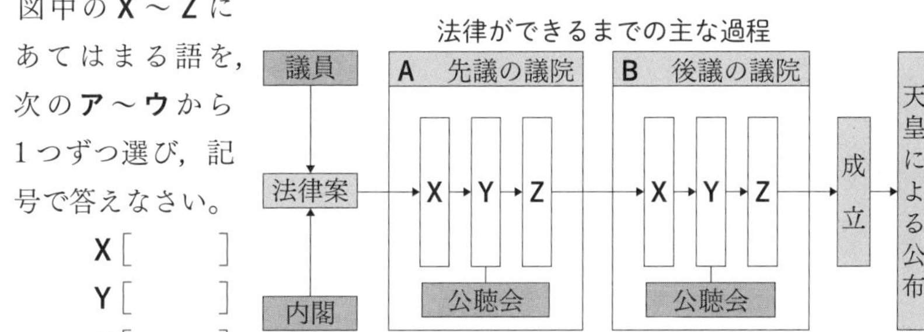

X [ ]
Y [ ]
Z [ ]

ア 委員会　**イ** 本会議　**ウ** 議長

(2) 図中の**A**と**B**の議院の議決が異なる場合，意見を調整するために各議院から10人ずつ，合計20人の委員で構成される機関が設けられることがある。この機関を何というか，その名称を答えなさい。 [ ]

記述 (3) 国会が衆議院と参議院の2つの議院で構成されている理由を，図を参考にして簡潔に答えなさい。〔群馬〕

[ ]

Key Points **2** (2) 予算の議決，条約の承認，内閣総理大臣の指名で議決が異なった場合には必ず開かれ，その場合，意見が一致しないと衆議院の議決が国会の議決となる。

[　月　日]

第4日 裁判所，三権分立

試験に出る重要図表

✎［　］にあてはまる語句を答えなさい。

❶ 民事裁判と刑事裁判

確認 刑事裁判は犯罪行為を裁く。民事裁判は私人間の争いを裁く。

〈民事裁判の流れ〉

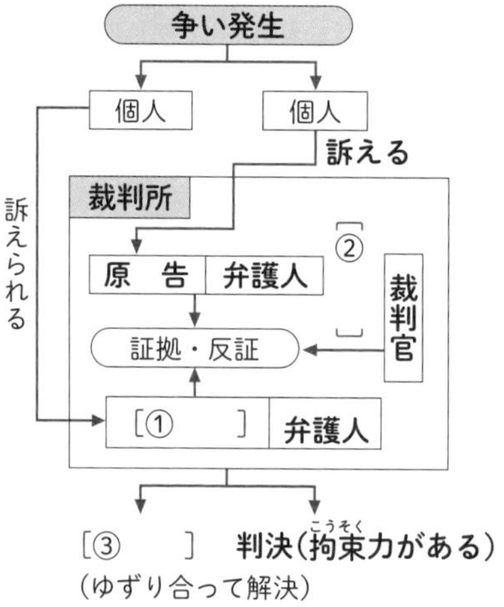

争い発生 → 個人／個人（訴える）
裁判所：原告・弁護人 → 証拠・反証 ← 裁判官（［②　］）
［①　］・弁護人（訴えられる）→ 証拠・反証
［③　］（ゆずり合って解決）／判決（拘束力がある）

〈刑事裁判の流れ〉

犯罪発生 → 被疑者逮捕
警察（官）：取り調べ → 被疑者
送検
検察（官）：取り調べ → 被疑者 → ［④　］
［⑤　］
裁判所：弁護人・［⑥　］／弁護／証拠・証言・弁論 ← 公判 裁判官
検察官＝［⑦　］（求刑）
判決（有罪・無罪）

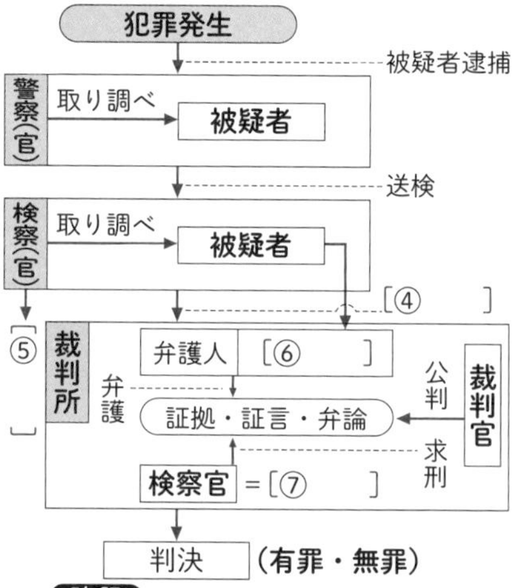

❷ 三審制・三権分立

確認 主権者である国民は，三権すべてに影響力をもつ。

〈三審制のしくみ〉

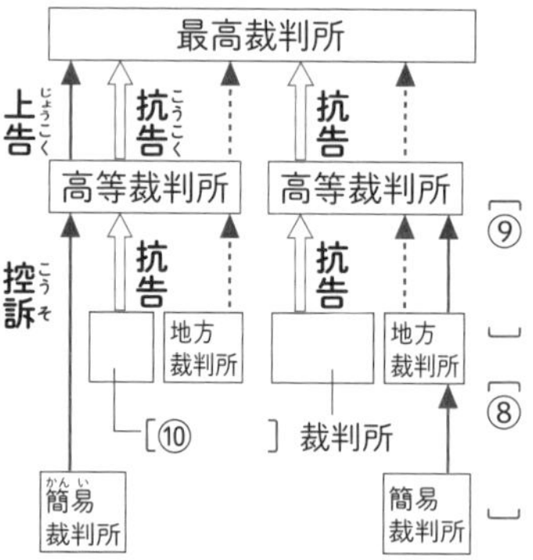

最高裁判所
上告（じょうこく）／抗告（こうこく）／抗告
高等裁判所／高等裁判所 ［⑨　］
控訴（こうそ）／抗告／抗告
［⑩　］裁判所／地方裁判所／地方裁判所 ［⑧　］
簡易（かんい）裁判所／簡易裁判所
〈刑事裁判〉　〈民事裁判〉

〈三権分立と国民〉

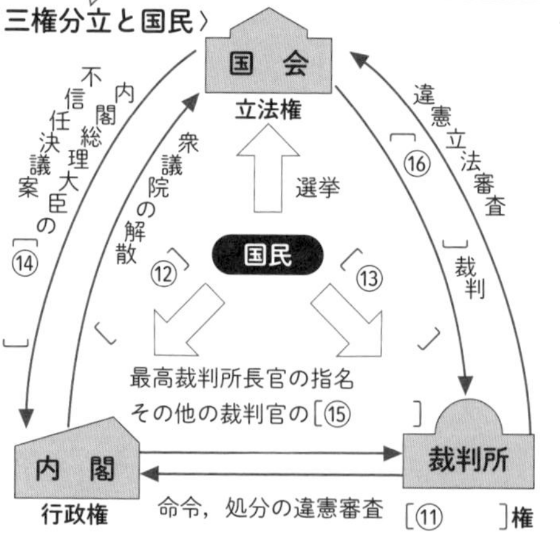

国会（立法権）
内閣（行政権）
裁判所（［⑪　］権）
国民 → 選挙 → 国会
内閣 → 国会：衆議院の解散
国会 → 内閣：内閣総理大臣の［⑭　］，不信任決議案
国会 → 裁判所：［⑯　］裁判
裁判所 → 国会：違憲立法審査
裁判所 → 内閣：命令，処分の違憲審査
内閣 → 裁判所：最高裁判所長官の指名，その他の裁判官の［⑮　］
国民 → 内閣：［⑫　］
国民 → 裁判所：［⑬　］

解答　①被告　②審理（しんり）　③和解　④起訴（きそ）　⑤不起訴　⑥被告人　⑦原告　⑧控訴　⑨上告　⑩家庭　⑪司法　⑫世論　⑬国民審査　⑭指名　⑮任命　⑯弾劾（だんがい）

① 民事裁判のみ，第二審を地方裁判所で行う場合がある。
② えん罪を防ぐため，裁判のやり直しをする再審制度がある。
③ 国民審査は決められた衆議院議員選挙のときに行われる。

解答→別冊５ページ

Check1 司法権と裁判所（⇨試験に出る重要図表❶，❷）

□① 下級裁判所に含まれるのは，地方裁判所，家庭裁判所，簡易裁判所ともう１つは何ですか。 [　　　　]

□② 裁判所が，国会や内閣などの権力から圧力や干渉を受けない原則を何といいますか。 [　　　　]

□③ 裁判官を罷免できるのは，最高裁判所裁判官の国民審査と，もう１つは国会が行う何によってですか。 [　　　　]

Check2 裁判のしくみ（⇨試験に出る重要図表❶，❷）

□④ 裁判には，大きく分けて刑事裁判と何がありますか。 [　　　　]

□⑤ 刑事裁判で，被疑者を被告人として裁判所に訴えるのはだれですか。 [　　　　]

□⑥ １つの事件で，３回まで裁判を受けられるしくみを何といいますか。 [　　　　]

□⑦ 第一審の判決に不服で，第二審を求めることを何といいますか。 [　　　　]

Check3 三権分立（⇨試験に出る重要図表❷）

□⑧ 日本の場合，三権は完全に独立するのでなく，たがいに□しあい，均衡を保っている。□にあてはまる語は何ですか。 [　　　　]

□⑨ 三権のうち，裁判所がもっているのは何ですか。 [　　　　]

□⑩ 三権のうち，国会がもっているのは何ですか。 [　　　　]

□⑪ 最高裁判所は，法律や命令・処分が合憲か違憲かの最終決定権をもっていることから何と呼ばれますか。 [　　　　]

記述問題 次の問いに答えなさい。

□違憲立法(法令)審査とは何か，簡潔に答えなさい。

[　　　　]

［　月　日］

第4日 入試実戦テスト

時間 30分　合格 75点　得点 ／100

解答→別冊5ページ

1 【三権分立】**右の図は，三権分立のしくみを示したものである。これを見て，次の問いに答えなさい。**（5点×4）

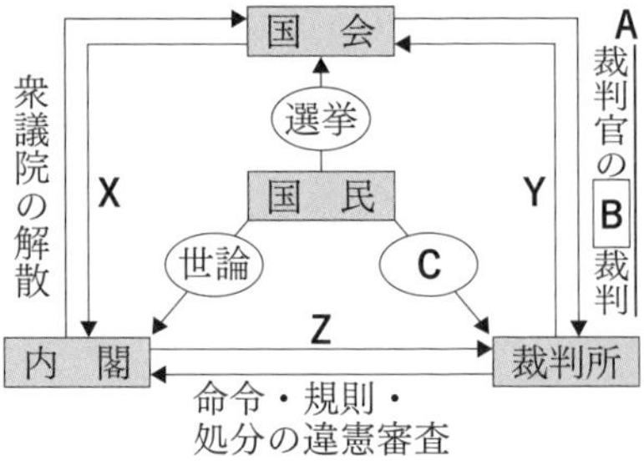

(1) 内閣の仕事として，日本国憲法に定められているものを，次のア～エから1つ選び，記号で答えなさい。［　　］

ア 下級裁判所裁判官を指名する。
イ 条例を制定する。
ウ 予算を作成し，国会に提出する。
エ 内閣総理大臣を指名する。

(2) 図中のX～Zで示した━▶印のうち，違憲（いけん）立法審査を示しているものはどれか。1つ選び，記号で答えなさい。［　　］

重要 (3) 図中のAについて，国会は裁判官をやめさせるかどうかを判断する権限をもっている。Bにあてはまる語句を答えなさい。〔福島〕［　　］

(4) 図中のCには，最高裁判所裁判官が適任か不適任かを判断するしくみが入る。これを何というか，答えなさい。〔兵庫〕［　　］

2 【裁　判】**次の問いに答えなさい。**（8点×5）

(1) 次の文中の ① ， ② にあてはまる語は何か，それぞれあとの**ア～エ**から選び，記号で答えなさい。〔徳島一改〕　①［　　］　②［　　］

日本国憲法第76条では，「すべて裁判官は，その良心に従ひ（い） ① してその職権を行ひ（い），この憲法及（およ）び ② にのみ拘束（こうそく）される。」と定めている。

ア 独立　**イ** 連帯　**ウ** 国会　**エ** 法律

(2) 右のページの絵は，ある地方裁判所における法廷（ほうてい）のようすを大まかに示したものである。これについて，次の問いに答えなさい。

Key Points
1 (1) 内閣は行政に関する仕事を行う。
2 (1) 司法権の独立に関する条文である。

① この裁判は，刑事裁判，民事裁判のどちらか，答えなさい。［　　　　］

② 図中のA～Dの中で，起訴（きそ）を行うのはだれか，記号で答えなさい。［　　］

③ この裁判の結果に不服がある場合は，上級の裁判所に第二審を求めることができる。この要求を何というか，答えなさい。〔徳島一改〕［　　　　］

3【裁　判】**次の文を読んで，あとの問いに答えなさい。**（8点×5）

私は，わが国の裁判のしくみや近年の司法制度の改革について調べた。1つの事件について3回まで裁判を受けられる制度や，裁判の重大な誤（あやま）りが疑われる場合には，判決確定後でもやり直しの裁判を認める［ A ］制度があること，また，一般の市民の代表が裁判に参加する［ B ］制度があることもわかった。

(1) 下線部について，第二審の判決にも不服があるとき，さらに上級の裁判所で審理することを何というか，答えなさい。［　　　　］

(2) 文中の［ A ］，［ B ］にあてはまる語を答えなさい。

A［　　　　］　B［　　　　］

(3) 司法制度改革によって設立された日本司法支援センター(法テラス)の役割について正しいものを，次の**ア～エ**から1つ選び，記号で答えなさい。

〔山形〕［　　］

ア 独占禁止法を運用して，市場を監視する。

イ 検察官が起訴しなかった事件について，起訴すべきかどうかを判断する。

ウ 国会が制定する法律が，憲法に違反していないかどうかを審査する。

エ 法律の制度や手続きについての案内や，相談窓口の紹介などを行う。

重要 (4) 1つの事件について3回まで裁判を受けられるようにしている理由を，

「人権」の語句を使って，簡潔に答えなさい。

［　　　　　　　　　　　　　　　　］

Key Points

2 (2) ②起訴とは裁判の訴えを求めることである。

3 (2) B抽選で選ばれた国民が参加する。

[　月　日]

第5日 選挙，地方自治

試験に出る重要図表

✎ [　]にあてはまる語句・数字を答えなさい。

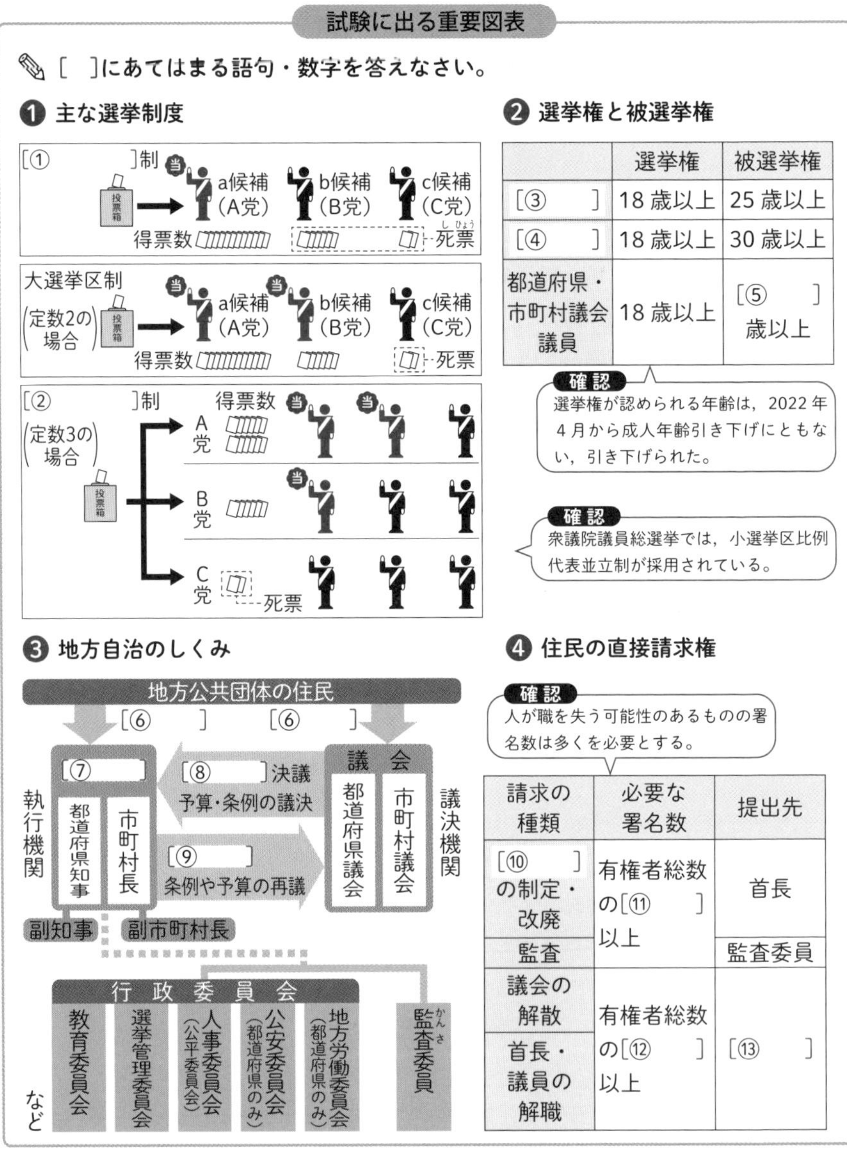

	選挙権	被選挙権
[③　　]	18歳以上	25歳以上
[④　　]	18歳以上	30歳以上
都道府県・市町村議会議員	18歳以上	[⑤　　]歳以上

請求の種類	必要な署名数	提出先
[⑩　　]の制定・改廃	有権者総数の[⑪　　]以上	首長
監査		監査委員
議会の解散	有権者総数の[⑫　　]以上	[⑬　　]
首長・議員の解職		

解答 ①小選挙区　②比例代表　③市町村長　④都道府県知事　⑤25　⑥選挙　⑦首長　⑧不信任　⑨解散　⑩条例　⑪50分の1　⑫3分の1　⑬選挙管理委員会

ここをおさえる!

① 選挙は, 普通選挙, 平等選挙, 秘密選挙, 直接選挙の 4 原則で行われる。
② 近年は, 中央集権から地方分権へしくみを変えようとしている。
③ 地方財政は, 国庫支出金など国からの補助金への依存(いそん)が多い。

解答→別冊 7 ページ

Check1 選挙と政党（⇨試験に出る重要図表 ❶, ❷）

□① 全有権者に一人一票を割り当てる選挙原則は何ですか。 [ ]

□② 政権を担当する政党を何といいますか。 [ ]

□③ ②の政党を批判する立場に立つ政党を何といいますか。 [ ]

□④ 複数の政党で組織される政権(内閣)を何といいますか。 [ ]

□⑤ 多くの人々が共有する, 政治や社会問題などに対する意見を何といいますか。 [ ]

Check2 地方自治と地方公共団体の仕事（⇨試験に出る重要図表 ❸）

□⑥ 都道府県や市区町村を, 地方自治体, または何といいますか。[ ]

□⑦ 住民の生活にもっとも身近な政治を行うことから,「地方自治は□の学校」といわれる。□にあてはまる語は何ですか。 [ ]

□⑧ 地方自治体が定める独自の決まりを何といいますか。 [ ]

□⑨ 地方議会がもつ首長の不信任決議権に対し, 首長は議会に対してどのような権限をもっていますか。 [ ]

□⑩ 地域の運営への国の関与を減らし, 仕事や財源を国から地方自治体へ移すしくみを何といいますか。 [ ]

Check3 地方の財政と住民の権利（⇨試験に出る重要図表 ❸, ❹）

□⑪ 地方自治体の自主財源で割合が最多のものは何ですか。 [ ]

□⑫ 公共事業や社会保障関係の仕事を行う場合などに, 必要な費用として国が負担する資金を何といいますか。 [ ]

□⑬ 住民が地方議会の解散を求める場合, 有権者の何分の 1 の署名が必要ですか。 [ ]

記述問題 次の問いに答えなさい。

□マニフェストとはどのようなものか, 簡潔に答えなさい。

[ ]

［　月　日］

第5日 入試実戦テスト

時間 30分　合格 80点　得点　／100

解答→別冊7ページ

1【選　挙】**次の問いに答えなさい。**（10点×3）

(1) 日本で選挙権は，満18歳以上のすべての国民に認められる。納税額や財産などで制限されず，一定年齢以上のすべての国民に選挙権が認められる選挙の原則を何というか，答えなさい。〔高知〕　［　　　］

(2) 右の**資料1**は，北海道，鳥取県，島根県の有権者数，参議院選挙区選出議員の定数，議員一人あたりの有権者数について，2013年7月21日時点と2016年7月10日時点とをそれぞれ表したものである。2013年7月の参議院議員選挙において，鳥取県と島根県は異なる選挙区として選挙が実施されたが，2016年7月の参議院議員選挙では，鳥取県と島根県は合区となり，1つの選挙区として実施された。この資料から読み取れることについて述べた文として正しいものを，次の**ア**～**エ**から1つ選び，記号で答えなさい。〔高知〕　［　　］

資料1　2013年7月21日　（単位：人）

	有権者数	参議院選挙区選出議員の定数	議員一人あたりの有権者数
北海道	4,598,957	4	1,149,739
鳥取県	482,192	2	241,096
島根県	587,809	2	293,905

2016年7月10日　（単位：人）

	有権者数	参議院選挙区選出議員の定数	議員一人あたりの有権者数
北海道	4,613,374	6	768,896
鳥取県	483,895	2	535,029
島根県	586,162		

（総務省資料）

ア 2013年と2016年の有権者数を比べると，北海道，鳥取県，島根県のいずれも，2013年より2016年のほうが多い。

イ 2013年と2016年の議員一人あたりの有権者数を比べると，北海道は，2013年より2016年のほうが多い。

ウ 2013年の一票の格差は，北海道と島根県の間で5倍以上である。

エ 2016年の一票の格差は，北海道と鳥取県・島根県合区の間で1.5倍以下である。

記述 (3) 右のページの［　　］内の文の［　　］にあてはまる内容を，**資料2**から読み取れることと関連づけて，「反映」の語句を用いて答えなさい。〔福岡〕

Key Points

1 (1) 以前は，選挙権は20歳以上のすべての国民に認められていたが，2016年実施の選挙より，選挙権は18歳以上に引き下げられた。

政治上の課題の１つとして，右の資料が示す選挙の傾向から，［　　］と考えられる。そこで，私たちは政治に関心をもち，さまざまな方法で政治に参加していくことが大切である。

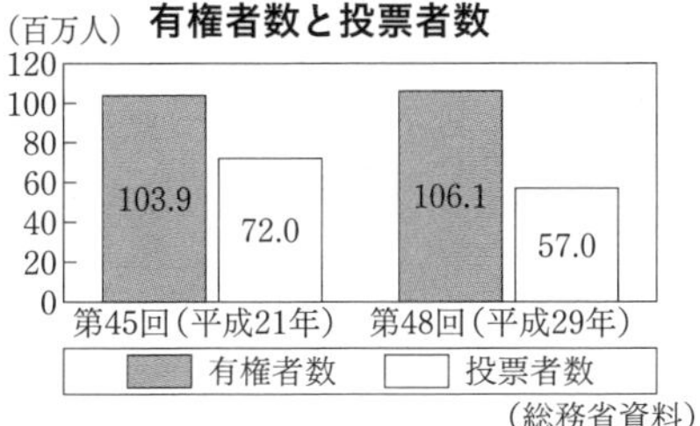

［　　　　　　　　　　　　　　　　　　　　　　　　］

2【地方自治】**次の問いに答えなさい。**(14点×５)

(1) 住民は，条例の制定・改廃や監査を求めたり，地方公共団体の長(首長)や議員の解職などを求めたりすることができる。このような地方自治の特色としての住民の権利を何というか，答えなさい。〔岡山〕［　　　　　］

(2) 住民の権利に対して，神奈川県川崎市が日本で初めて導入した，住民の苦情を処理したり，行政が適切に行われているかどうかを監視したりする制度を何というか，答えなさい。〔北海道〕［　　　　　］

(3) 次の**X**～**Z**は，条例の制定や改廃を求める手続きが書かれたものである。手続きの流れの順になるように，**X**～**Z**を並べかえなさい。〔愛媛〕

X 住民が首長に条例の制定や改廃を請求する。［　　→　　→　　］

Y 議会が招集され，条例案が審議される。

Z 住民が必要な数の署名を集める。

(4) 地方公共団体の仕事でないものを，次の**ア**～**エ**から１つ選び，記号で答えなさい。〔徳島〕［　　］

ア 学校の設置　**イ** 下水道の整備　**ウ** ごみの収集　**エ** 法律の制定

(5) 地方議会と首長の関係について説明として正しいものを，次の**ア**～**エ**から１つ選び，記号で答えなさい。〔熊本〕［　　］

ア 地方議会は，首長の指名を行うことができる。

イ 地方議会は，首長の不信任決議ができない。

ウ 首長は，地方議会を解散することができない。

エ 首長は，地方議会に議決の再議を請求できる。

2 (2) スウェーデンで初めて導入された制度である。
(4) 地方公共団体は住民に身近な仕事を行う。

［　　月　　日］

第6日 消費生活と経済

試験に出る重要図表

✎［　］にあてはまる語句を答えなさい。

❶ 家計の収入と支出

収入	給与［①　　］	
	その他［①　　］	
支出	［②　　］支出	食料費
		住居費
		被服費
		保健医療費
		交通・通信費
		教育費
		教養・娯楽費
		交際費
	税金・社会保険料	
	ローン返済	
	預貯金・保険料	

❷ 消費者の権利を守る

年代	できごと
1968	アメリカの［③　　］大統領が消費者の四つの権利を提唱
1968	消費者保護基本法制定
1994	**製造物責任法**（［④　　］法）制定
2000	**消費者契約法**制定
2004	［⑤　　］法制定
2009	［⑥　　］庁設置
2012	消費者教育推進法制定

確認
消費者の四つの権利とは,「安全を求める権利」,「知らされる権利」,「選択する権利」,「意見を反映させる権利」。

❸ 野菜の流通経路

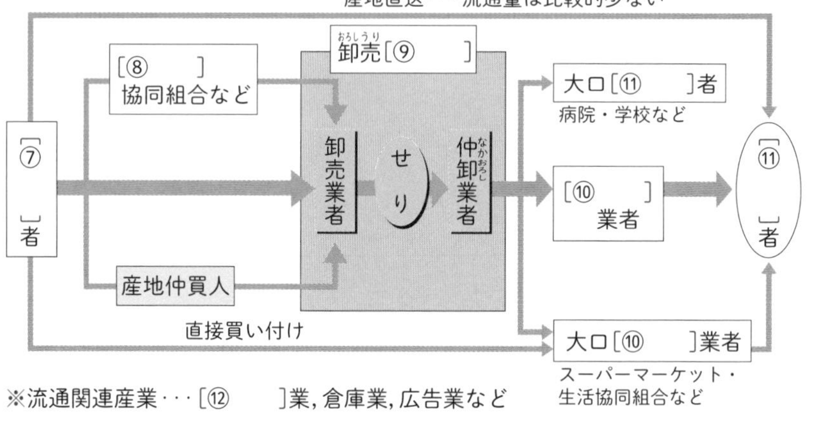

※流通関連産業・・・［⑫　　］業,倉庫業,広告業など

解答 ①所得　②消費　③ケネディ　④PL　⑤消費者基本　⑥消費者　⑦生産　⑧農業　⑨市場　⑩小売　⑪消費　⑫運送（運輸）

ここをおさえる！

① 家庭の経済活動を家計という。
② 家計における商品の購入にかかる支出を消費支出という。
③ 消費者を保護する目的で，2009 年に消費者庁が設置された。

解答→別冊 9 ページ

Check1 消費生活（⇨試験に出る重要図表 ❶）

□① 家計の支出のうち，食品や衣類，娯楽（ごらく）などの財やサービスに使う支出を何といいますか。 [ ]

□② 家計の支出のうち，税金や社会保険料などの支出を何といいますか。 [ ]

□③ 家計の収入から①と②を引いたものを何といいますか。 [ ]

□④ 最近では代金の支払いに，現金に代わってクレジットカードや IC カードを用いる□マネーを使用する機会が増えている。□にあてはまる語は何ですか。 [ ]

Check2 消費者の権利（⇨試験に出る重要図表 ❷）

□⑤ 2004 年，消費者保護基本法を改正して制定された法律は何ですか。 [ ]

□⑥ 訪問販売（はんばい）などで商品を購入（こうにゅう）した際，一定期間内であれば無条件で契約を解除できる制度を何といいますか。 [ ]

□⑦ 欠陥品による損害賠償（ばいしょう）の責任を，過失の有無にかかわらず生産者が負うと定めた法律を何といいますか。 [ ]

Check3 流通のしくみ（⇨試験に出る重要図表 ❸）

□⑧ 商品が生産者から消費者に届くまでの流れを□という。□にあてはまる語は何ですか。 [ ]

□⑨ 卸売業と小売業を合わせて何といいますか。 [ ]

□⑩ 商品が生産者から消費者に届くまでの流れを簡略化して，経費削減（さくげん）をはかることを何といいますか。 [ ]

記述問題 次の問いに答えなさい。

□クレジットカードを利用するときに気をつけることを，簡潔に答えなさい。

[ ]

［　月　日］

第6日 入試実戦テスト

時間 30分　合格 80点　得点 ／100

解答→別冊9ページ

1 【消費生活】**次の文を読んで，あとの問いに答えなさい。**（10点×4）

aが示す下線部：市場では，消費者が何を買うか決める権利があり，企業は法律を守って公正なb経済活動を行い，cよりよい商品やサービスを提供して消費者の生活を豊かにする役割がある。

(1) 下線部aについて述べた次の文中の**P**～**R**にあてはまる語句の組み合わせとして正しいものを，あとの**ア**～**カ**から1つ選び，記号で答えなさい。

〔兵庫〕［　　　］

> 商品の性能などについては，［P］がすべてのことを理解することは困難で，［Q］のほうが圧倒的に多くの情報をもっている。そこで，［P］は自ら商品に対する知識や情報を広く収集するとともに，［R］が［P］を守るために法律やしくみを整備することなどが重要になる。

ア P－消費者　Q－企業　R－政府
イ P－消費者　Q－政府　R－企業
ウ P－企業　Q－消費者　R－政府
エ P－企業　Q－政府　R－消費者
オ P－政府　Q－消費者　R－企業
カ P－政府　Q－企業　R－消費者

(2) 下線部bについて，右の図は，経済活動の流れを大まかに示したものである。図中の［　　　］には，家族や個人としての経済活動を営む語句があてはまる。その語句を答えなさい。〔山口〕［　　　］

賃金など
労働力など
税金など
公共サービスなど
企業
政府
公共サービスなど
税金など

(3) 下線部cについて，流通について述べた次の**X**，**Y**について，その正誤の組み合わせとして正しいものを，あとの**ア**～**エ**から1つ選び，記号で答えなさい。〔兵庫〕［　　　］

Key Points
1 (1)(2) 経済活動では，消費者と企業，政府が密接にかかわっている。
(3) POSシステムは，レジやバーコードを用いる。

X 販売(はんばい)データを分析し効率的に店を運営する目的で，POS システムが導入されている。

Y 商業の発達に伴い，大規模小売業者が生産者から直接仕入れる流通経路はなくなった。

ア X－正　Y－正　　イ X－正　Y－誤

ウ X－誤　Y－正　　エ X－誤　Y－誤

(記述) (4) わが国で導入されているクーリング=オフ制度は，商品を契約(けいやく)したり購入(こうにゅう)したりするときに，消費者を守るしくみの一つである。訪問販売や電話勧誘(かんゆう)販売の場合，クーリング=オフ制度により，消費者はどのようなことができるか。「契約」「期間」の語句を用いて，簡潔に答えなさい。〔高知〕

[　　　　　　　　　　　　　　　　　　　　]

2 【お金の流れ】**右の図は，クレジットカードによる商品の購入のしくみを表したものである。これを見て，次の問いに答えなさい。**（10点×6）〔島根一改〕

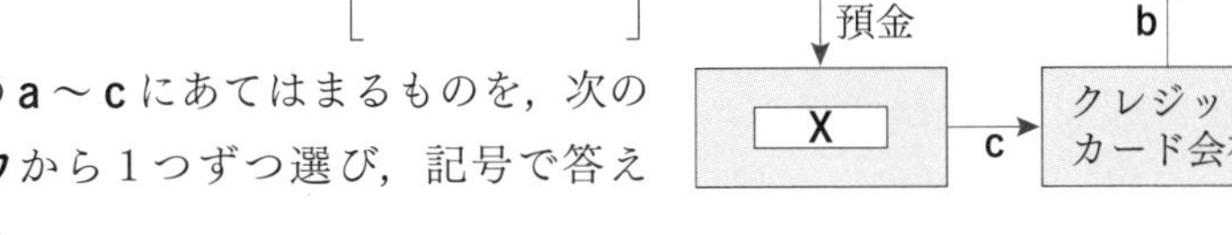

(1) 図中の **X** にあてはまる語を答えなさい。

[　　　　　]

(2) 図中の **a**～**c** にあてはまるものを，次の **ア**～**ウ** から１つずつ選び，記号で答えなさい。

a [　　　]　**b** [　　　]　**c** [　　　]

ア 口座(こうざ)からの代金の支払い

イ 商品の販売

ウ 代金の立て替え払い

(重要)(記述) (3) クレジットカードを使って買い物をする場合に，次の「①消費者にとって便利な点」と「②消費者として注意すべき点」を，それぞれ〈　　〉に指定した語句を使って簡潔に答えなさい。

① 消費者にとって便利な点〈現金〉

[　　　　　　　　　　　　　　　　　　　　]

② 消費者として注意すべき点〈支払い〉

[　　　　　　　　　　　　　　　　　　　　]

Key Points **2** (3) クレジットカードに対して，プリペイドカードは商品購入よりも先にカードに現金をチャージして使用するシステムである。

[　　月　　日]

第7日 生産のしくみと労働

試験に出る重要図表

✎[　]にあてはまる語句・数字を答えなさい。

❶ 株式会社のしくみ

確認
株式会社は，利潤を求める私企業である。

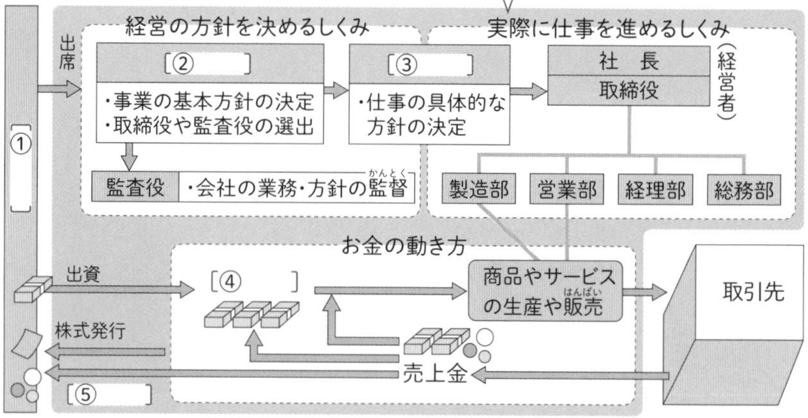

❷ 労働者と使用者の関係

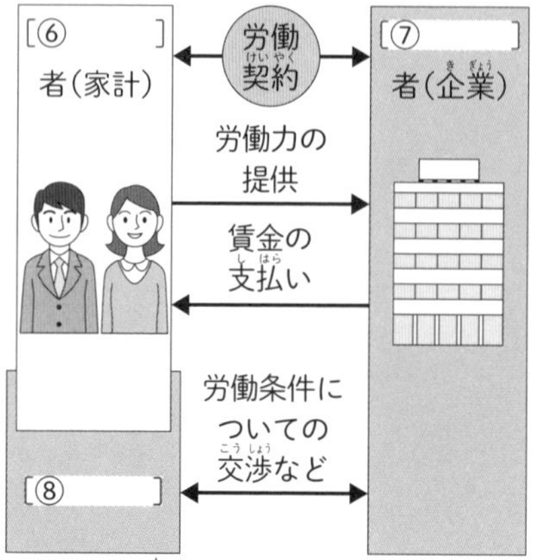

確認
労働者は，労働組合を結成する権利をもつ。

❸ 労働基準法

労働条件	労働条件の決定では，労働者と使用者は対等である。（第2条）
賃金	男女同一賃金の原則がある。（第4条）
労働時間・休日	労働時間は週[⑨　　]時間，1日8時間以内とする。（第32条） 毎週少なくとも[⑩　　]回の休日が必要である。（第35条）
最低年齢	[⑪　　]歳未満の児童を雇用してはならない。（第56条）
深夜業	満[⑫　　]歳未満の者を，午後10時から午前5時までの間に労働させてはならない。（第61条）
出産・育児	産前6週間および産後[⑬　　]週間は，労働させてはならない。（第65条） 生後1年間は，1日2回各30分以上の育児時間を請求できる。（第67条）

解答 ①株主　②株主総会　③取締役会　④資本　⑤配当　⑥労働　⑦使用　⑧労働組合
⑨40　⑩1　⑪15　⑫18　⑬8

ここをおさえる！

① 上下水道など利潤(りじゅん)を目的としない企業を公企業という。
② 株式会社など利潤を求める企業を私企業という。
③ 労働基準法，労働組合法，労働関係調整法をあわせて労働三法という。

解答→別冊 10 ページ

Check 1 生産のしくみ（⇨試験に出る重要図表 ❶）

□① 資本を投下し，利潤を得ることを目的に生産が行われる経済のしくみを何といいますか。 [　　　　]

□② 生産の三要素と呼ばれるものは，自然，資本財ともう１つは何ですか。 [　　　　]

□③ 生産の三要素と知的資源が，生産活動として組織化されたものを何といいますか。 [　　　　]

□④ 自分の能力を発揮(はっき)できる職場を求めて，自ら企業を設立することを何といいますか。 [　　　　]

Check 2 株式会社のしくみ（⇨試験に出る重要図表 ❶）

□⑤ 株式会社では，必要な資金を株式に分け，［　　］と呼ばれる出資者から広く集める。［　　］にあてはまる語は何ですか。 [　　　　]

□⑥ 株式会社で行われる，出資者が出席して経営方針などを決定する会議を何といいますか。 [　　　　]

□⑦ 株式会社が出資者に分配する利潤の一部は何ですか。 [　　　　]

□⑧ 株式は，どこで自由に売買されますか。 [　　　　]

Check 3 労働者の権利（⇨試験に出る重要図表 ❷，❸）

□⑨ 労働者の権利を守るため，労働者は［　　］を結成して使用者に労働条件の向上を要求する。［　　］にあてはまる語は何ですか。 [　　　　]

□⑩ 最低限の労働条件などを定めた法律を何といいますか。 [　　　　]

□⑪ 労働時間を短縮し，仕事と個人生活を両立させることを何といいますか。 [　　　　]

記述問題 次の問いに答えなさい。

□株式会社が株式を大量に発行する目的を，簡潔に答えなさい。

[　　　　　　　　　　　　　　　　]

[　月　日]

第7日 入試実戦テスト

時間 30分　合格 75点　得点 ／100

解答→別冊 10 ページ

1 【企　業】**次の問いに答えなさい。**（10点×4）

(1) わが国では，企業が従業員を定年まで雇用（こよう）するのが一般的であった。このような雇用形態を何というか，答えなさい。〔石川〕　[　　　]

(2) 小規模ながら，先端技術を開発して新たな分野を切りひらこうとしている企業を，次の**ア**～**エ**から１つ選び，記号で答えなさい。〔宮城〕　[　　]

ア ODA　**イ** NGO

ウ インフォームド=コンセント

エ ベンチャー=ビジネス

(3) 右のグラフは，日本の製造業における売上高，企業数，従業員総数のいずれかについて，中小企業と大企業の割合を示したものである。**A**～**C**にあたるグラフの組み合わせとして正しいものを，次の**ア**～**エ**から１つ選び，記号で答えなさい。〔山口〕　[　　]

注　売上高は2015年，企業数，従業者総数は2016年のものである。　（2022年版「中小企業白書」）

ア **A**－従業員総数　**B**－企業数　**C**－売上高

イ **A**－従業員総数　**B**－売上高　**C**－企業数

ウ **A**－企業数　**B**－従業員総数　**C**－売上高

エ **A**－企業数　**B**－売上高　**C**－従業員総数

(4) 株式会社をはじめとする企業について述べた文として正しいものを，次の**ア**～**エ**から１つ選び，記号で答えなさい。〔千葉〕　[　　]

ア 企業は，従業員の労働環境を整えることが望まれており，公正取引委員会がそれを監視している。

イ 個人が経営する飲食店や小売店などは，企業に含まれない。

ウ 一部の企業に生産が集中することを防ぎ，企業間の公正な競争を確保するために，環境基本法が制定されている。

エ 企業は，国や地方公共団体に対して税を納めている。

Key Points　**1** (1) 近年では，高収入や好待遇（たいぐう）を求めての転職や，自ら独立して起業することも広く行われるようになった。

2 【株式会社】**右の資料は，ある株式会社の株主のもとに届いた株主総会決議の通知の一部である。これを見て，次の問いに答えなさい。**（15点×2）

(1) 資料中の［　　］にあてはまる適切な語句を，漢字2字で答えなさい。

［　　　　］

(2) 株式会社について述べた次の**X**，**Y**の一般的な立場を説明した文の組み合わせとして正しいものを，あとの**ア～エ**から1つ選び，記号で答えなさい。〔兵庫―改〕［　　］

X 株主の立場

Y 経営者の立場

① 株式を発行して資金を集める。
② 経営の基本方針について議決権を持つ。
あ 利潤（りじゅん）の一部を分配する。
い 会社が倒産しても，出資額以上の責任はない。

ア X－①，あ　Y－②，い　**イ** X－①，い　Y－②，あ
ウ X－②，あ　Y－①，い　**エ** X－②，い　Y－①，あ

株主の皆様へ　令和○年○月○○日
千葉県○○市○○町○―○―○
株式会社　○○○○○○
取締役社長　○○　○○

定時株主総会決議ご通知

拝啓　ますますご清栄のこととお喜び申し上げます。さて，本日開催の当社第3期定時株主総会におきまして，下記のとおり報告並びに決議されましたのでご通知申し上げます。　敬具

記

報告事項　1．○○○○○○○○○○
　2．○○○○○○○○○○

決議事項
第1号議案　第3期利益処分案承認の件
本件は，原案通り承認可決され，普通株式の［　　］金につきましては，1株につき3円と決定いたしました。
第2号議案　○○○○○○○○○○の件

3 【労働者の権利】**次の問いに答えなさい。**（15点×2）

重要 (1) 労働三法の1つで，労働条件や労働契約などの最低条件を定めた法律を何というか，答えなさい。〔沖縄〕［　　　　］

(2) これから求められる社会について述べた次の文と関係の深い語句を，あとの**ア～エ**から1つ選び，記号で答えなさい。〔福島―改〕［　　］

誰もがやりがいや充実感を感じながら働き，仕事の責任を果たす一方で，子育て・介護の時間や，家族，地域，自己啓発（けいはつ）にかける個人の時間を持ち，多様な生き方が選択・実現できる社会をめざすことが大切である。

ア ワーク=ライフ=バランス　**イ** バリアフリー
ウ インフォームド=コンセント　**エ** オンブズパーソン

Key Points
2 (1) 株主とは，株式を購入した出資者のことである。
3 (2) 最近では，フレックスタイムやテレワークなどの多様な働き方も見られる。

［　　月　　日］

第8日 市場のしくみと金融

試験に出る重要図表

✎［　］にあてはまる語句を答えなさい。

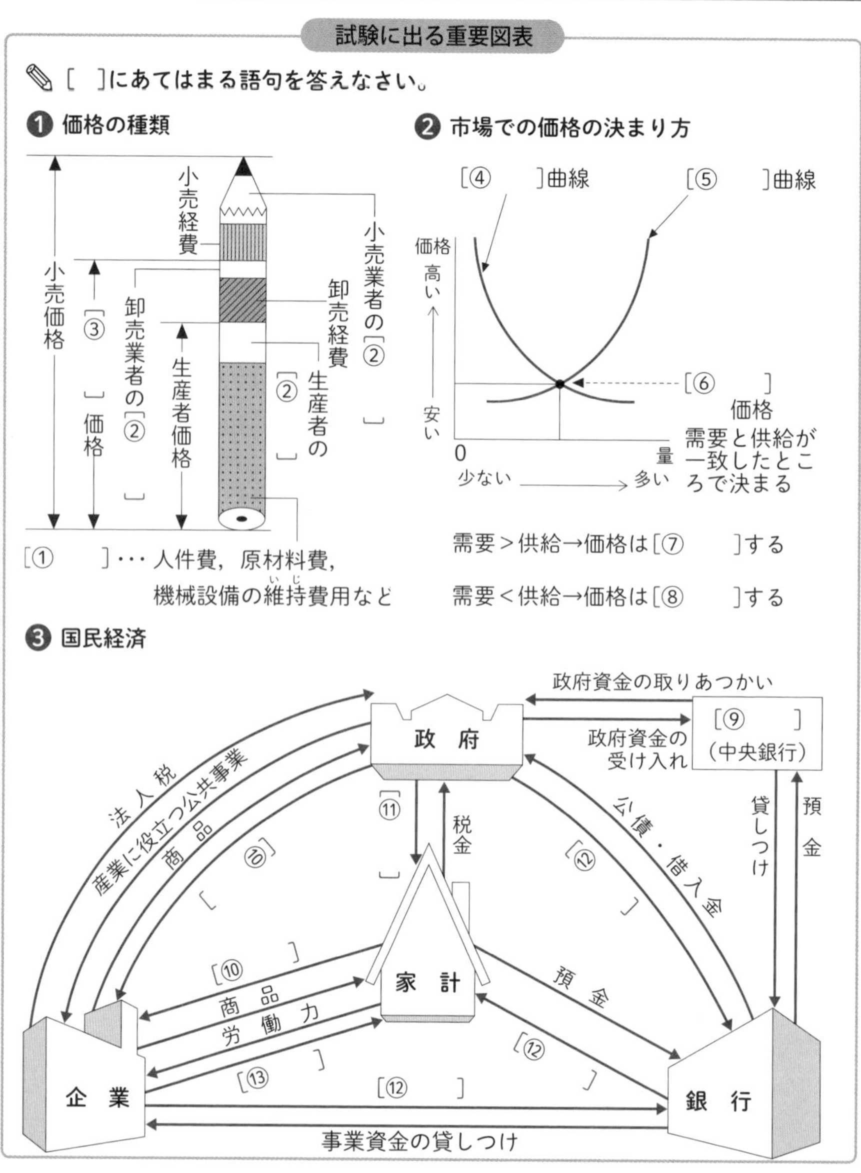

解答　①生産費　②利潤　③卸売　④需要　⑤供給　⑥均衡　⑦上昇　⑧下落　⑨日本銀行　⑩代金　⑪公共サービス　⑫利子　⑬賃金

ここをおさえる！

① 市場価格は，需要量と供給量との関係で変化する。
② 政府は，税金などをもとに公共事業や公共サービスを行う。
③ 銀行は，貸し出し利子を預金利子より高くして利潤を得る。

解答→別冊 11 ページ

Check1 価格の決定と変動（⇨試験に出る重要図表 ❶，❷）

□① 買い手が希望する購入量を需要量というのに対し，売り手が希望する販売量を何といいますか。 [ ]

□② 需要量が一定のとき，売り手が希望する販売量が増えると，価格は上がりますか，下がりますか。 [ ]

□③ 需要量と販売量が一致する価格を何といいますか。 [ ]

□④ 市場が少数の売り手に支配されると，価格の決定権は売り手がもつ。このような価格を何といいますか。 [ ]

□⑤ 売り手の競争を促進（そくしん）する目的の独占禁止法に基づいて□が監視や指導を行っている。□にあてはまる語は何ですか。 [ ]

Check2 金融のはたらき

□⑥ 資金が不足している人と資金に余裕がある人との間で行われる資金の貸し借りを何といいますか。 [ ]

□⑦ 資金の借り手は，貸し手に元金と□を支払う。□にあてはまる語は何ですか。 [ ]

□⑧ 日本銀行など，その国で特別な働きを行う銀行は何ですか。 [ ]

□⑨ 日本銀行の役割は，「発券銀行」「政府の銀行」ともう１つは何ですか。 [ ]

Check3 国民経済（⇨試験に出る重要図表 ❸）

□⑩ 国民経済の主体とは，家計，企業ともう１つは何ですか。 [ ]

□⑪ 家計は，企業に主に何を提供して所得を得ていますか。 [ ]

□⑫ 家計や企業が政府に対して支払うものは何ですか。 [ ]

記述問題 次の問いに答えなさい。

□公共料金の設定に政府の決定や認可が必要な理由を，簡潔に答えなさい。

[ ]

[　　月　　日]

第8日 入試実戦テスト

時間 30分　合格 75点　得点 /100

解答→別冊 11 ページ

1 【価　格】**次の文を読んで，あとの問いに答えなさい。**

家，自動車，身のまわりの日用品などの商品や，医療，情報，娯楽などの［ A ］の価値を貨幣の量で表したものが価格である。価格はその決まり方によって，大きく3つに分類できる。1つめは，B需要と供給の関係で決まる市場価格，2つめは，電気料金や郵便料金などのように政府や地方公共団体が決定・認可するC公共料金，3つめは，少数の企業が販売量を調整するなど，足並みをそろえて決定する［ D ］価格である。

(1) 文中の［ A ］，［ D ］にあてはまる語を答えなさい。(12点×2)

A［　　　　］ D［　　　　］

(2) 文中の下線部Bに関して，右下の資料について説明した次の文中の①・②にあてはまる語の組み合わせとして適切なものを，あとの**ア**～**エ**から1つ選び，記号で答えなさい。(12点)〔群馬〕 ［　　］

資料によると，商品の価格が［ ① ］円の場合には，商品は160個売れ残り，価格が400円の場合には，商品は320個［ ② ］ことになります。そのため，需要量と供給量がつりあうように，価格は変化します。

資料　ある商品の価格と需要量・供給量の関係

価格(円)	需要量(個)	供給量(個)
400	600	280
500	520	360
600	440	440
700	360	520
800	280	600

ア ①500　②売れ残る
イ ①700　②売れ残る
ウ ①500　②不足する
エ ①700　②不足する

重要 (3) 文中の下線部Cの料金にあてはまらないものを，次の**ア**～**エ**から1つ選び，記号で答えなさい。(12点) ［　　］

ア ガソリン代金　　**イ** 鉄道運賃
ウ 都市ガス料金　　**エ** 公立学校の授業料

Key Points　**1** (2) 需要量は消費者が買おうとする量，供給量は生産者が商品を売ろうとする量。

（記述）(4) 文中の3つめの価格は，企業間の価格競争が弱まったり，企業が集中したりしたときに見られやすい。この場合，消費者にはどのような不利益が生じると考えられるか。「価格」の語句を用いて，簡潔に答えなさい。(12点)

[ ]

(5) 市場における価格は，一般に需要と供給の関係で変化する。需要が一定であっても，供給が変化することによって，その価格が異なる例としてもっとも適当なものを，次の**ア**～**エ**から１つ選び，記号で答えなさい。(10点)

〔京都〕[ ]

ア ある旅館の宿泊料金は，日～木曜日は10,000円であるが，金・土曜日は13,000円となる。

イ ある遊園地の入場料金は，大人1,500円，子ども700円である。

ウ ある店のキャベツの１玉の値段は，産地の天候不順により，200円が400円になった。

エ あるレンタサイクル(貸自転車)の料金は，半日500円，１日800円である。

2 【金　融】**右の図は，家計・企業，銀行，日本銀行の取引の関係を示したものである。これを見て，次の問いに答えなさい。**(10点×3)

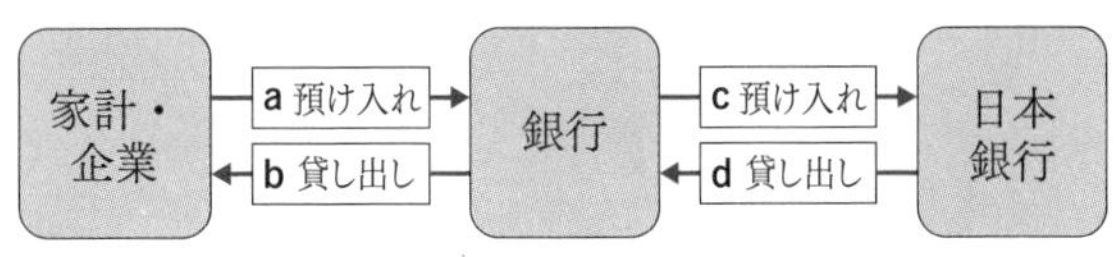

(1) 図において，銀行は家計や企業から資金を預かり，資金を必要とする人に貸し出す。その場合，預け入れの利子率は，貸し出しの利子率よりも①(**ア** 高い　**イ** 低い)。また，一般に，銀行からの貸し出しの利子率が上がれば，借りようとする人は②(**ア** 増える　**イ** 減る)。①，②の(　)の中から適当なものを１つずつ選び，記号で答えなさい。

①[ ]　②[ ]

（重要）(2) 日本銀行の役割にあてはまらないものを，次の**ア**～**エ**の中から１つ選び，記号で答えなさい。〔神奈川〕[ ]

ア 公共料金を認可すること

イ 一般の銀行から預金を引き受けること

ウ 政府の資金を取り扱うこと

エ 紙幣を発行すること

2 (1) お金を借りると，返済のとき，借りた分のお金(元金)に借りたお金の金額に応じてお金(利子)を上乗せして返す。

財政と国民の福祉

試験に出る重要図表

✎ [　]にあてはまる語句を答えなさい。

❶ 歳入と歳出

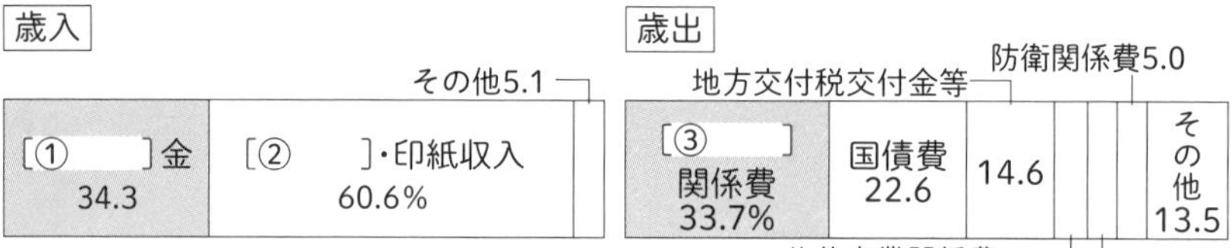

歳入

[①　　]金 34.3	[②　　]・印紙収入 60.6%	その他5.1

（2022年度当初予算）

歳出

[③　　]関係費 33.7%	国債費 22.6	地方交付税交付金等 14.6	公共事業関係費5.6	文教及び科学振興費5.0	防衛関係費5.0	その他 13.5

（2022／23年版「日本国勢図会」）

❷ 社会保障のしくみ

確認 ⑩は40歳以上が加入する制度で，2000年から導入された。

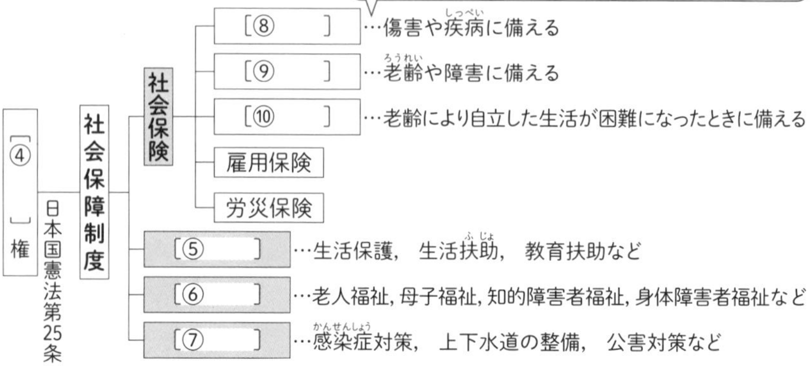

[④　　]権（日本国憲法第25条）― 社会保障制度

- 社会保険
  - [⑧　　]…傷害や疾病（しっぺい）に備える
  - [⑨　　]…老齢（ろうれい）や障害に備える
  - [⑩　　]…老齢により自立した生活が困難になったときに備える
  - 雇用保険
  - 労災保険
- [⑤　　]…生活保護，生活扶助（ふじょ），教育扶助など
- [⑥　　]…老人福祉，母子福祉，知的障害者福祉，身体障害者福祉など
- [⑦　　]…感染症（かんせんしょう）対策，上下水道の整備，公害対策など

❸ 四大公害裁判

確認 原告はいずれも患者と家族で，すべて原告側が全面勝訴した。

	地域	原因物質
[⑪　　]病	神通川（じんづうがわ）流域（富山県）	カドミウム
水俣（みなまた）病	水俣湾（わん）（熊本県）など八代海（やつしろかい）（熊本県・鹿児島県）	メチル水銀
[⑫　　]	三重県四日市市	硫黄（いおう）酸化物など
新潟水俣病	阿賀野（あがの）川流域（新潟県）	メチル水銀

解答　①公債（こうさい）　②租税（そぜい）　③社会保障　④生存　⑤公的扶助（ふじょ）　⑥社会福祉（ふくし）　⑦公衆衛生　⑧医療（いりょう）保険（健康保険）　⑨年金保険　⑩介護保険　⑪イタイイタイ　⑫四日市ぜんそく

ここをおさえる！

① 所得税などには，累進課税方式が採用されている。
② 少子高齢社会を迎えた日本は，社会保障の充実が課題。
③ 環境への負荷を軽減する循環型社会の実現が課題。

解答→別冊 12 ページ

Check1 財政（⇨試験に出る重要図表 ❶）

□① 国の歳入の不足を補うために発行するものは何ですか。 [ ]

□② 税を負担する人と納める人が同じ租税は何ですか。 [ ]

□③ 企業などの所得に対してかけられる国税は何ですか。 [ ]

□④ 道路や港湾，学校など多くの人々が社会的に共同して利用する施設を何といいますか。 [ ]

Check2 社会保障制度（⇨試験に出る重要図表 ❷）

□⑤ 社会保障制度とは，憲法第 25 条に定められた［　　］権を，国の責任で保障する制度である。［　　］にあてはまる語は何ですか。 [ ]

□⑥ 日本の社会保障制度の 4 つの柱とは，社会保険，公的扶助，社会福祉ともう 1 つは何ですか。 [ ]

□⑦ 老齢や障害によって働けなくなったときに，所得を保障する社会保険は何ですか。 [ ]

□⑧ 老齢により自立した日常生活が困難な人に必要なサービスを提供する社会保険は何ですか。 [ ]

□⑨ 老人や障害者，母子家庭など，社会的弱者の自立を支援する社会保障のしくみは何ですか。 [ ]

Check3 環境への取り組み（⇨試験に出る重要図表 ❸）

□⑩ 高度経済成長期の日本で，工場からの煙や排水などが原因となって発生した問題を何といいますか。 [ ]

□⑪ 2001 年に発足した環境省が取り組んでいる，環境への負荷をできる限り減らす社会を何といいますか。 [ ]

記述問題 次の問いに答えなさい。

□累進課税のしくみを，簡潔に答えなさい。

[ ]

［　月　日］

第9日 入試実戦テスト

時間 30分　合格 75点　得点 ／100

解答→別冊 13 ページ

1【財政の現状】**次の問いに答えなさい。**

(1) 次の文中の**a**・**b**にあてはまる数字を，あとの**ア**～**オ**から１つずつ選び，記号で答えなさい。また，**c**にあてはまることばを答えなさい。〔北海道〕(6点×３)

表　わが国の年齢別人口の割合(%)

年齢＼年	1960	2000
14 歳以下	30	15
15 ～ 64 歳	64	68
65 歳以上	6	17

(総務省統計局「平成 17 年国勢調査報告」より作成)

右の表から，1960 年の 65 歳以上の割合は，おおよそ［ a ］人に１人，2000 年の 65 歳以上の割合は，おおよそ［ b ］人に１人となっていることがわかる。高齢者の割合が高くなる中，入浴や排せつなどの［ c ］が必要な人の増加に備えて，［ c ］保険法が制定された。

a［　　］　b［　　］　c［　　　］

ア 3　**イ** 6　**ウ** 7　**エ** 15　**オ** 17

(2) 政府が提供する社会資本として適切でないものを，次の**ア**～**エ**から１つ選び，記号で答えなさい。〔青森〕(6点)［　　］

ア 道路　**イ** 出版社　**ウ** 空港　**エ** 図書館

記述 (3) 介護保険制度の費用負担を説明した，次の文中の［　　］にあてはまることばを，「40 歳以上」という語句を用いて答えなさい。

介護保険制度の費用は，サービス利用者の自己負担や公的資金(税金)のほかに，［　　］により，まかなわれている。〔青森〕(10点)

［　　　　　　　　　　　　　　］

重要 (4) 次の文中の①・②にあてはまるもっとも適切なものを，あとの**ア**～**オ**から１つずつ選び，記号で答えなさい。〔宮崎一改〕(6点×２) ①［　　］　②［　　］

日本の財政の問題点は，［ ① ］ことである。公債は，利子の支払いや元金の返済が大変になるので，［ ② ］ことが大切である。

ア 発行を慎重に行う　**イ** 発行額を税収よりも多くする
ウ 歳出総額と国債費を同じ額にする　**エ** 税収不足を公債で補っている
オ 発行額を歳出総額よりも多くする

Key Points
1 (1) c 2000 年に制定された法律である。
(2) 企業が提供しにくい公共の利便のためのものである。

2 【財政のはたらき】右の資料Ⅰ～3を見て，次の問いに答えなさい。

資料Ⅰ 税金について

税の種類	直接税	a 所得税，法人税 など
	(　　　)	b 消費税，c 酒税 など
税収不足を補うもの		d 公債金

資料2 国の一般会計歳入額の内訳(%)（2022年度）

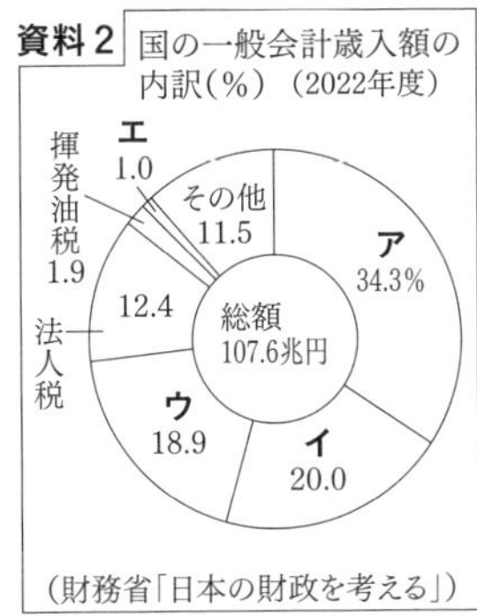

（財務省「日本の財政を考える」）

資料3 政府・家計・企業の関係

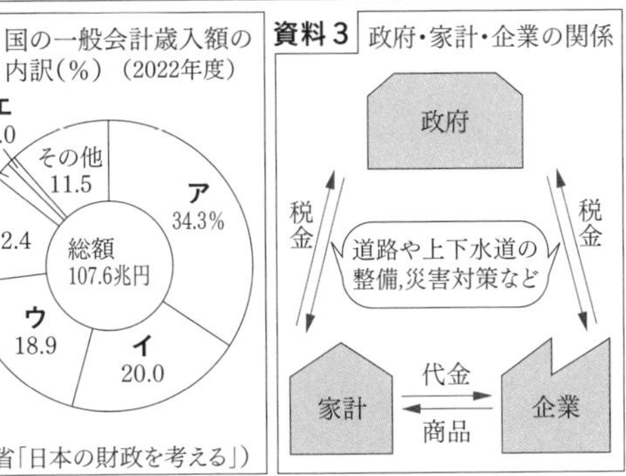

(1) **資料Ⅰ**の(　)にあてはまる語を答えなさい。(8点) [　　　　]

重要 **記述** (2) **資料Ⅰ**の下線部**a**には，所得が高い人ほど税率を高くするしくみがとられている。このしくみを何というか，答えなさい。また，このしくみがとられている理由を答えなさい。(8点×2)

しくみ[　　　　]

理由[　　　　]

(3) **資料2**の**ア**～**エ**は，**資料Ⅰ**の下線部**a**～**d**のいずれかである。下線部**a**にあたるものを，**ア**～**エ**から1つ選び，記号で答えなさい。(6点) [　　]

(4) 次の文は，**資料3**についての発表の一部である。文中の**A**，**B**の[　　]にあてはまる語を，**資料3**の中から見つけて答えなさい。(6点×2)

A[　　　　] **B**[　　　　]

「[**A**]は，民間の[**B**]では供給することがむずかしい社会資本や公共サービスを，私たちに提供している。」

(5) **資料3**について，企業から家計に支払われる賃金(ちんぎん)は，家計から提供される何に対しての対価か，答えなさい。(6点) [　　　　]

(6) **資料3**の政府から家計に向かう矢印には，さまざまな理由で最低限度の生活を維持(いじ)できない人に生活費を保障する制度がある。この制度は，次の**ア**～**エ**のどれにあたるか，1つ選び，記号で答えなさい。(6点) [　　]

ア 社会保険　**イ** 公的扶助(ふじょ)　**ウ** 社会福祉(ふくし)　**エ** 公衆衛生

Key Points
2 (1) 税を負担する者と税を納める者が異なる税である。
(6) 生活保護があてはまる制度である。

[　　月　　日]

国際社会と人類の課題

試験に出る重要図表

✎ [　]にあてはまる語句・数字を答えなさい。

❶ 主権国家

確認 南極大陸，宇宙空間はどの国も領有できないこととされている。

主権国家
- 原則—主権[①　　]の原則，内政不干渉の原則。
- 範囲—領土，[②　　](12 海里以内)，領空。経済水域([③　　]海里以内)。
- 国際社会のルール—国際法…条約と国際[④　　]法

❷ 核軍縮へ

1963 年，[⑤　　]核実験停止条約(PTBT)→1968 年，核拡散防止条約(NPT)→1987 年，中距離核戦力(INF)全廃条約→1996 年，包括的核実験禁止条約(CTBT)→2008 年，クラスター爆弾禁止条約→2017 年，核兵器禁止条約

❸ 国際連合のしくみ

確認 国際連合本部はアメリカのニューヨークにある。

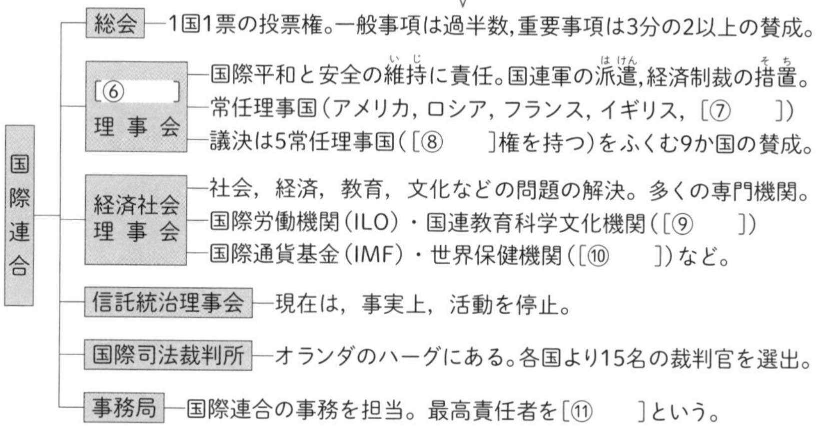

❹ 地球環境問題への国際的とりくみ

1992 年，[⑫　　]サミット(リオデジャネイロ)…「持続可能な開発」

1997 年，[⑬　　]防止京都会議…二酸化炭素の排出削減量の目標設定(京都議定書)

2015 年，**SDGs(持続可能な開発目標)**の採択

[⑭　　]協定…地球温暖化をおさえる目標設定

解答 ①平等　②領海　③ 200　④慣習　⑤部分的　⑥安全保障　⑦中国　⑧拒否　⑨ UNESCO　⑩ WHO　⑪事務総長　⑫地球　⑬地球温暖化　⑭パリ

ここをおさえる!

① 国際連合の総会は全加盟国が 1 国 1 票の権利をもつ。
② 安全保障理事会は 5 常任理事国と 10 非常任理事国で構成。
③ NGO は非政府組織，NPO は非営利組織。

解答→別冊 13 ページ

Check1 国際関係（⇨試験に出る重要図表 ❶）

□① 国内で統治(とうち)権を保持し，他国から支配されずに独立している国家を何といいますか。［　　　　］

□② 国家の主権が及(およ)ぶ範囲は，領土，領海ともう 1 つは何ですか。［　　　　］

□③ 成文化された国際社会のルールには何がありますか。［　　　　］

Check2 国際連合（⇨試験に出る重要図表 ❸）

□④ 全加盟国で構成され，1 国 1 票の投票権をもつ機関は何ですか。［　　　　］

□⑤ 安全保障理事会は，［　　］か国の常任理事国と 10 か国の非常任理事国で構成される。［　　］にあてはまる語は何ですか。［　　　　］

□⑥ 加盟国の軍隊などを派遣して，停戦監視(かんし)などを行う国際連合の活動を何といいますか。［　　　　］

Check3 国際的課題（⇨試験に出る重要図表 ❷，❹）

□⑦ 先進工業国と発展途上(とじょう)国の間の経済格差から生じる問題を何といいますか。［　　　　］

□⑧ 1968 年に結ばれた条約で，新たに核兵器を保有することや核兵器の譲渡(じょうと)を禁止するものは何ですか。［　　　　］

□⑨ 二酸化炭素などの排出量の増加により，地球全体の気温が上昇しているが，これを何といいますか。［　　　　］

□⑩ 1992 年にリオデジャネイロで開かれた地球サミットでは，発展途上国の経済成長にも配慮(はいりょ)した「［　　］可能な開発」が話し合われた。［　　］にあてはまる語は何ですか。［　　　　］

記述問題 次の問いに答えなさい。

□安全保障理事会の常任理事国がもつ拒否権とは何か，簡潔に答えなさい。

［　　　　　　　　　　　　］

[　月　日]

第10日 入試実戦テスト

時間 30分　合格 75点　得点 /100

解答→別冊 14 ページ

1 【国際社会】**次のA〜Dの文を読んで，あとの問いに答えなさい。**（10点×4）

A 国際連合は，総会をはじめ，安全保障理事会などさまざまな機関からなっている。

B 国や地域をこえた協力関係が進み，経済的にめざましい発展をとげた日本の役割は，大きなものとなっている。

C 世界では「地球環境の保全」が大きな課題となっている。

D アメリカ，ロシアなどの核保有国は，条約を結んで核兵器を削減(さくげん)してきたが，新たに核兵器を保有する国，核開発を表明する国も現れている。

(1) Aに関して，総会によって設立された機関の1つで，本部がニューヨークにあり，飢(う)えなどで苦しんでいる子どもたちを助けるために広く活動している機関を，次の**ア〜エ**から1つ選び，記号で答えなさい。［　　］

ア UNICEF(ユニセフ)　**イ** WHO

ウ UNHCR　**エ** UNESCO(ユネスコ)

(2) Bに関して，青年海外協力隊について説明した次の文中の□にあてはまる語を，あとの**ア〜エ**から1つ選び，記号で答えなさい。［　　］

「青年海外協力隊の隊員は，現在，アジアやアフリカなどの□に派(は)遣(けん)され，農業技術や教育などの援助を行っている。」

ア 先進国　**イ** 発展途上国

ウ 国際原子力機関　**エ** 国際労働機関

記述 (3) Cに関して，現在，北極や南極の氷がとけ，南太平洋のキリバス共和国などのサンゴ礁(しょう)の国々では，海水面が上がって，水没(すいぼつ)の危機に直面している。このようになってきた原因を，簡潔に答えなさい。

［　　　　　　　　　　　　　　　　］

重要 記述 (4) Dに関して，唯一(ゆいいつ)の被爆(ひばく)国である日本は非核三原則を宣言している。非核三原則とはどのようなものか，その内容を「核兵器を」に続けて簡潔に答えなさい。〔茨城一改〕

［核兵器を　　　　　　　　　　　　　　　　］

Key Points

1 (1) 国連児童基金の説明である。
(4) 日本国憲法の平和主義の原理にもとづく宣言である。

2 【国際社会】**次の問いに答えなさい。**（10点×３）

(1) 次の文中の［ a ］にあてはまる語と，［ b ］にあてはまる数字をそれぞれ答えなさい。〔岡山〕　a［　　　　］ b［　　　　］

「国家の領域は，領土・［ a ］・領空からなり，［ a ］は国際法で海岸線から 12 海里をこえない範囲と定められている。また領海の外側で海岸線から［ b ］海里までの(排他的)経済水域の設定が認められている。」

(2) 国際連合の設立の目的をふまえて，次の資料中の［　　］に共通してあてはまる語を答えなさい。〔長崎〕　［　　　　］

「…寛容を実行し，且つ，善良な隣人として互いに［　　］に生活し，国際の［　　］及び安全を維持するためにわれらの力を合わせ，共同の利益の場合を除く外は武力を用いないことを原則の受諾と方法の設定によって確保し，…」

（国際連合憲章の一部）

3 【国際社会の課題】**次の問いに答えなさい。**（10点×３）

(1) 右の地図中の［▒▒］印で示した地域について，次の文の **a**，**b** の｛　｝の中から適当なものを，それぞれ１つずつ選び，記号で答えなさい。　**a**［　　］ **b**［　　］

この地域は，**a**｛**ア** 旧東ドイツ　**イ** 旧ユーゴスラビア｝と呼ばれる。この地域では，1990 年代の初めに東西の冷戦が **b**｛**ウ** 終結すると　**エ** きびしさを増すと｝地域紛争が多発した。

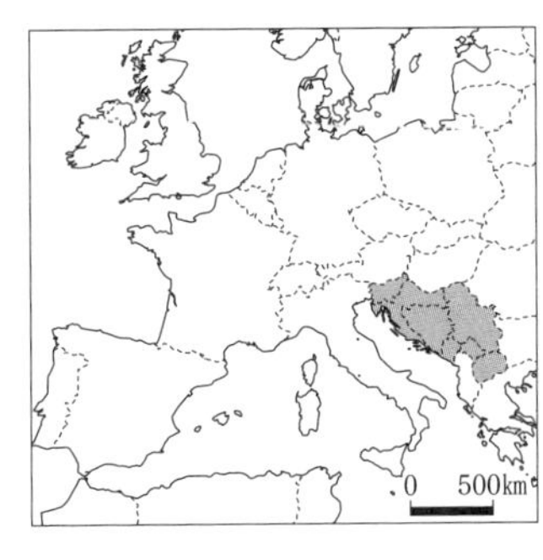

重要 (2) 次の文中の［　　］に共通してあてはまる語として適当なものを，次の**ア**～**エ**から１つ選び，記号で答えなさい。〔愛媛〕　［　　］

紛争や迫害などを避け，国境を越えて自国から他国に逃れた人々を［　　］と呼ぶ。これらの人々を救済するために，国連［　　］高等弁務官事務所が活動している。

ア 難民　　**イ** 民族
ウ 先住民　**エ** 移民

3 (1) ［▒▒］印の地域はかつて１つの国であったが，1990 年代以降に複数の国に分かれた。

［　月　日］

総仕上げテスト

時間 40分　合格 75点　得点 ／100

解答→別冊15ページ

1 **次の文は，班ごとに学習した内容を発表した際に用いた原稿の一部である。これを読んで，あとの問いに答えなさい。**（5点×8）

【A班　テーマ：日本国憲法と基本的人権】
日本国憲法に定める自由権には，精神の自由，生命・身体の自由，a経済活動の自由がある。また，日本国憲法は，b国民が果たさなければならない義務を明らかにしている。

【B班　テーマ：司法権の独立と裁判所】
c裁判は公正に行われなくてはならない。そのためには，裁判所がd国会やe内閣，その他どんな権力からも圧力や干渉（かんしょう）を受けないことが必要である。

【C班　テーマ：新しい人権】
社会の変化に伴い，新しい人権が主張されるようになっている。新しい人権は憲法には規定されていないが，f環境権や知る権利などがある。

【D班　テーマ：情報化社会】
情報通信技術の発達によりg情報化が進んだことで便利になる一方，情報をめぐる問題も増加している。

重要 (1) 下線部aについて，日本国憲法が保障する経済活動の自由にあたるものを，次のア～エから1つ選び，記号で答えなさい。〔佐賀〕［　　］
ア 集会・結社・表現の自由　　イ 居住・移転および職業選択の自由
ウ 奴隷的拘束（どれいてきこうそく）および苦役からの自由　　エ 思想・良心の自由

(2) 下線部bについて，次の文章は，A班の発表の続きの一部である。文章中の□にはすべて同じ語が入る。その語を答えなさい。［　　］

日本国憲法で明記された国民の義務の中には，同時に国民の権利であるものがある。1つは，すべて国民は，教育を受ける権利を有し，同時に，その保護する子女に普通教育を受けさせる義務を負っている。もう1つは，すべて国民は□の権利を有し，同時に□の義務を負っている。

1 (2) 社会権に関する権利である。

(3) 下線部**c**について，裁判を公正かつ慎重に行うために，１つの事件について，異なった段階の裁判所で原則３回まで裁判を受けることができるしくみを何というか，答えなさい。 [　　　　]

(4) 下線部**d**について，衆議院の優越が認められているものを，次の**ア**～**エ**から１つ選び，記号で答えなさい。〔高知〕 [　　]

ア 公聴会を開く。　**イ** 最高裁判所の長官を指名する。
ウ 条約を承認する。　**エ** 国政に関する調査を行う。

(5) 下線部**e**について，法律上，満何歳から内閣総理大臣になることが可能か，次の**ア**～**エ**から１つ選び，記号で答えなさい。〔石川〕 [　　]

ア 20歳　**イ** 25歳　**ウ** 30歳　**エ** 35歳

(記述) (6) 下線部**f**について，右の写真の建物は周りの建物の日当たりに配慮して建てられている。この建物によって配慮されている権利を答えなさい。また，その権利を保障するためにこの建物に施されているくふうと，そのくふうが周りの建物にもたらす効果について，「日当たり」という語句を用いて答えなさい。〔北海道〕

（ピクスタ）

権利[　　　　]
工夫と効果[　　　　　　　　]

(7) 下線部**g**について，情報リテラシーについて述べた文として正しいものを，次の**ア**～**エ**から１つ選び，記号で答えなさい。〔北海道〕 [　　]

ア 他人に知られたくない個人の生活など，私的な情報を公開されないこと。
イ 情報の受信や発信において，必要な情報を適切に選択し，正しく活用する力のこと。
ウ 多くの人，物，情報などが，国境を越えて移動する動きが地球規模で広がること。
エ コンピュータやインターネットなどを活用した情報通信技術のこと。

Key Points
1 (4) 議決を必要とするものなどに優越が認められている。

2 **次の文は，家計と企業と政府に関して述べたものである。あとの問いに答えなさい。**（6点×6）

わたしたちが家族や個人として消費生活を営む単位を a 家計という。家計は b 企業や政府に労働力などを提供し，収入を得る。政府は，主として家計や企業などから集められる c 税金によって，d 社会保障などの仕事を行う。

(1) 下線部 a に関して，家計は収入の一部を銀行に預けたり，お金を借りたりすることもある。お金が不足している人とお金に余裕がある人との間で，銀行が両者の仲立ちをして行うような，お金の貸し借りをすることを何というか，次の**ア**～**エ**から１つ選び，記号で答えなさい。［　　］

ア 賃金　**イ** 景気　**ウ** 労働　**エ** 金融

(2) 下線部 b に関して，１社または数社の企業による市場の独占(寡占)を防ぎ，公正で自由な競争を維持し，消費者の利益と国民経済の健全な発展を守るための法律が 1947 年に定められ，公正取引委員会がその運用にあたっている。この法律の名称を答えなさい。［　　］

(3) 下線部 c に関して，国税にあたるものを，次の**ア**～**エ**から１つ選び，記号で答えなさい。［　　］

ア 事業税　**イ** 法人税　**ウ** 固定資産税　**エ** ゴルフ場利用税

重要 (4) 下線部 d に関して述べた次の文中の ① ・ ② の中に入る適切な語を答えなさい。〔兵庫〕　①［　　］　②［　　］

税金などを収入とし，それらをもとにして国や地方公共団体が行う経済活動を財政という。国の財政支出には， ① ，公的扶助，社会福祉，公衆衛生と医療の４つを柱とする社会保障の支出や，国が発行した，国の借金である ② の利子の支払いなどに支出される ② 費などがある。

(5) 下線部 d について，右の図は，社会保障給付費を横軸に，税金など国民の負担を縦軸にとって図式化したものである。現在の状況を●の位置としたとき，医療保険の保険料を引き下げて医療費の自己負担の割合を大きくすると，●は図中の**ア**～**エ**のどこに移動するか，記号で答えなさい。〔福島〕［　　］

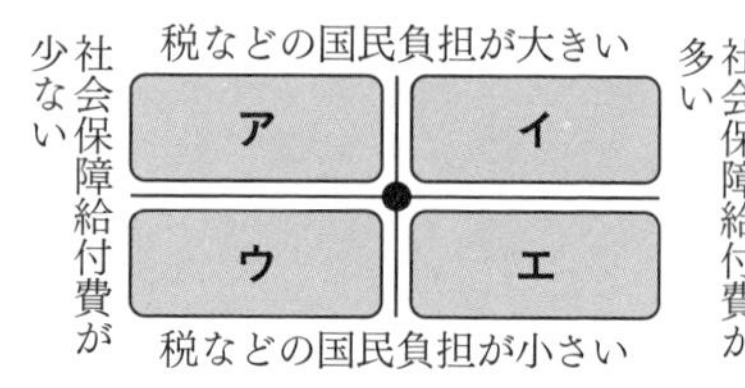

2 (2) 市場の独占は，企業が自由に価格を引き上げて，消費者が不利益をこうむることがあるため，それを防ごうとした法律である。

3 **次の文は，国際社会について調べたAさんとBさんのまとめの一部である。これを読んで，あとの問いに答えなさい。**（6点×4）

> （Aさん） 人口や食料などの問題において，X先進国と発展途上国との格差が存在する。発展途上国では人口増加率が高く，食料不足となっている国が存在している。
> （Bさん） Y環境問題は，地域や国家の問題であるとともに，地球規模の問題となっている。この問題を解決するには，Z国際的な協力が必要である。

(1) 下線部Xについて，次の問いに答えなさい。

重要 ① 下線部Xについて述べた次の文中の（　）にあてはまるもっとも適切な語を漢字2字で答えなさい。 [　　　　]

> 先進国と発展途上国との間の経済格差の問題と，その経済格差から生じているさまざまな問題を，先進国と発展途上国の地理的な位置に注目して（　　）問題とよんでいる。

② 先進国が発展途上国に対して行う政府開発援助の略称を，アルファベット3字で答えなさい。 [　　　　]

(2) 下線部Yについて述べた文として誤っているものを，次の**ア**～**エ**から1つ選び，記号で答えなさい。 [　　]

ア 地球温暖化などの影響で，すでに国土が水没（すいぼつ）の危機に直面している国がある。

イ 日本はクリーンエネルギーの開発など，二酸化炭素の発生をおさえる工夫を進めている。

ウ 酸性雨の被害（ひがい）防止のために，フロンガスの使用の推進（すいしん）が国際連合で提唱（ていしょう）されている。

エ 地球温暖化防止に関する会議など地球環境に関する国際的な話し合いの場がもたれている。

(3) 下線部Zについて，環境問題などの地球規模のテーマに対して，非営利で国境を越えた活動を行う民間の団体を何というか，答えなさい。

〔愛知一改〕[　　　　]

3 (2) 地球温暖化は温室効果ガスなどが原因。酸性雨は工場からの排気ガスが原因。

試験における実戦的な攻略ポイント5つ

①問題文をよく読もう！

問題文をよく読み，意味の取り違えや読み間違いがないように注意しよう。
選択肢問題や計算問題，記述式問題など，解答の仕方もあわせて確認しよう。

②解ける問題を確実に得点に結びつけよう！

解ける問題は必ずある。試験が始まったらまず問題全体に目を通し，自分の解けそうな問題から手をつけるようにしよう。くれぐれも簡単な問題をやり残ししないように。

③答えは丁寧な字ではっきり書こう！

答えは，誰が読んでもわかる字で，はっきりと丁寧に書こう。
せっかく解けた問題が誤りと判定されることのないように注意しよう。

④時間配分に注意しよう！

手が止まってしまった場合，あらかじめどのくらい時間をかけるべきかを決めておこう。
解けない問題にこだわりすぎて時間が足りなくなってしまわないように。

⑤答案は必ず見直そう！

できたと思った問題でも，誤字脱字，計算間違いなどをしているかもしれない。ケアレスミスで失点しないためにも，必ず見直しをしよう。

受験日の前日と当日の心がまえ

前日

- 前日まで根を詰めて勉強することは避け，暗記したものを確認する程度にとどめておこう。
- 夕食の前には，試験に必要なものをカバンに入れ，準備を終わらせておこう。
また，試験会場への行き方なども，前日のうちに確認しておこう。
- 夜は早めに寝るようにし，十分な睡眠をとるようにしよう。もし翌日の試験のことで緊張して眠れなくても，遅くまでスマートフォンなどを見ず，目を閉じて心身を休めることに努めよう。

当日

- 朝食はいつも通りにとり，食べ過ぎないように注意しよう。
- 再度持ち物を確認し，時間にゆとりをもって試験会場へ向かおう。
- 試験会場に着いたら早めに教室に行き，自分の席を確認しよう。また，トイレの場所も確認しておこう。
- 試験開始が近づき緊張してきたときなどは，目を閉じ，ゆっくり深呼吸しよう。

解答・解説

高校入試 10日でできる 公民

第1日 現代社会とわたしたちの生活

▶p.5

Check

①グローバル化　②インターネット
③情報リテラシー　④伝統文化
⑤多文化(共生)社会
⑥少子高齢社会　⑦合計特殊出生率
⑧核家族　⑨ルール　⑩効率

記述問題

少数意見を尊重すること。

▶p.6〜7

入試実戦テスト

1 (1)イ
(2)例情報をうのみにせず自分自身で考え判断する。(知る権利が保障されるように見守る。)
(3)①一体
②例日本と諸外国の相互理解と友好親善を促進するねらい。
③年中行事　④雛祭り
(4)インターネット

2 (1)ウ　(2)生徒B
(3)例空いているレジがなくなり，無駄のない点が効率よく，並んだ順番に会計ができる点が公正である。(45字)

解説

1 (1)**ア**．私的な情報を公開されないということから**プライバシーの権利**。**ウ**．国境を越えて移動する動きから**グローバル化**。**エ**．**情報通信技術**のことからICT。
(2)インターネットの発達した現在ではだれもが簡単に情報を発信できる。しかし，その情報が正しいかどうかは，必ずしもはっきりしていないので，その情報を受信する側が正しいかどうかを検証して，利用するかどうかを判断する必要がある。
(3) ①「グローバル」とは地球規模という意味である。地球の各地が交流し，同じ情報を瞬時に共有できるようになって，世界各地が一体化した。
②日本の文化を理解してもらい，政治や貿易など，さまざまな機会で日本の影響力を高められることをめざしている。
③仏教などの宗教に関するものや，田植えなど暦上のできごとなどに関係する行事である。
④桃の節句ともよばれる。

2 (1)「**効率**」とは，「無駄を省く」という考え方。**ウ**の「空き店舗を利用する」という点は無駄を省いた考え方である。
(2)生徒**A**の「クラス全員で一人一人意見を述べる」点と生徒**C**の「動くのが大変な生徒が参加できる」点は両方とも公正の観点からの考え方である。
(3)**図Ⅰ**のようなレジの並び方のときには，客からどのような不満があったのかを考える。出入口に近いレジに客が多く並んでいても出入口から遠いレジには客が並んでいないことから，「出入口に近いレジだけがいつも混んでいる」といった効率の観点からの不満や，「自分よりもあとから他のレジに並んだ客が先に会計を済ませている」といった公正の観点からの不満に基づく要望が出たと考えられる。

ひっぱると，はずして使えます。

絶対暗記

- **公正**の観点…平等かどうか。
- **効率**の観点…費用や時間を無駄にしていないか。

第2日 人間の尊重と日本国憲法

▶p.9

Check

①モンテスキュー ②社会権
③平和主義 ④象徴
⑤総議員の3分の2以上
⑥幸福追求 ⑦経済活動の自由
⑧公共の福祉(ふくし) ⑨納税の義務

記述問題

核兵器を「持たず，作らず，持ちこませず」という原則。

▶p.10～11

入試実戦テスト

1 (1)ウ (2)イ→ウ→ア (3)ウ
2 (1)平等 (2)イ
3 (1)ア (2)ア (3)ア
(4)例開発にあたって環境への影響について調査すること。
(5)表現の自由

解説

1 (1)日本国憲法が定める国民の義務とは，次の3つである。

- 子どもに**普通教育を受けさせる義務**(第26条)
- **勤労の義務**(第27条)
- **納税の義務**(第30条)

保障する権利にくらべ，義務が限られているため，日本国憲法に対する批判的な意見もあるが，基本的人権を保障するために政治権力の行使を制限するのが憲法の本来の目的であり，その批判は適切ではないという意見もある。なお，教育を受ける権利，勤労の権利は社会権である。

(2)**ア**．**世界人権宣言**は，1948年に国際連合で採択された。世界人権宣言は法的拘束力(こうそくりょく)がないため，1966年には条約の形で締約国(ていやくこく)を拘束する**国際人権規約**が採択された。

イ．**フランス人権宣言**は，フランス革命のおこった1789年に国民議会で採択された宣言である。第1条に，「人は生まれながら，自由で平等な権利を持つ」とあるように自由権と平等権が保障された。

ウ．**ワイマール憲法**は1919年に制定されたドイツ共和国憲法の通称で，**社会権**が初めて明文化された。

ミス注意！ 人権の発達

- **自由権と平等権**
  →アメリカ独立宣言やフランス人権宣言で保障された。
- **社会権**
  →ドイツのワイマール憲法で明文化された。

絶対暗記

- **ロック**…イギリスの思想家。「**統治二論**」で抵抗権を唱えた。
- **モンテスキュー**…フランスの思想家。「**法の精神**」で三権分立を唱えた。
- **ルソー**…フランスの思想家。「**社会契約論**」で人民主権を唱えた。

(3)主権者としての国民が，政治について正しい判断をするためには，国や地方公共団体の活動について適切な情報をもつことが必要である。これを権利として保障すべきだというのが「**知る権利**」の考え方である。**ア**．請求権，**イ**．社会権，**エ**．自由権。

2 (1)法の下の平等に関して定めた，日本国憲法第 14 条の条文である。法の下の平等は，日本国憲法第 13 条で定められている個人の尊重とともに，基本的人権の基本となる考え方である。

ミス注意！ 個人の尊重と法の下の平等

- **個人の尊重**（憲法第 13 条）
  →すべて国民は，個人として尊重される。
- **法の下の平等**（憲法第 14 条）
  →すべて国民は，法の下に平等であつて，人種，信条，性別，社会的身分又は門地により，政治的，経済的又は社会的関係において，差別されない。

(2)**ア**．病気などの感染の拡大を防ぐために居住・移転の自由が制限を受ける例である。
イ．集会・結社の自由を制限するものであるが，その制限は，著しい交通渋滞を招いたり，市民に危害を及ぼす差し迫った恐れがあったりする場合など，限定的なものでなければならない。したがって「すべて禁止する」としている点が適切ではない。
ウ．不適切な治療による医療事故を防ぐために職業選択の自由が制限を受ける例である。
エ．他人のプライバシーの権利を守るために表現の自由などが制限を受ける例である。

絶対暗記

- **公共の福祉**…社会全体の利益のこと。公共の福祉に反する場合は個人の人権が制限されることがある。

3 (1)A．大日本帝国憲法第 4 条では「天皇ハ国ノ元首ニシテ統治権ヲ総攬シ…」と規定している。
B．居住・移転の自由，信教の自由，言論著作印行集会及び結社の自由は認められていたが，いずれも「法律ノ範囲内ニ於テ」「安寧秩序ヲ妨ケス及臣民タルノ義務ニ背カサル限ニ於テ」という制限つきのものであった。

(2)**ア**．「居住・移転および職業選択の自由」は経済活動の自由にあたる。
イ．「法定手続きの保障」は身体の自由にあたる。
ウ．「集会・結社・表現の自由」と**エ**．「学問の自由」は精神の自由にあたる。

(3)**イ**．「国や地方公共団体に請願する権利」は基本的人権を守るための権利のうちの**請願権**である。
エ．「公務員の選定及び罷免の権利」は基本的人権を守るための権利のうちの**参政権**である。

(4)アセスメントとは評価・査定するという意味であり，**環境アセスメント**は開発が環境に与える影響を事前に評価・査定することである。

(5)**プライバシーの権利**とは，知られたくない私生活を守るための権利で，この場合は，自分の意見を自由に発表するという作家の表現の自由と対立している。新しい人権には，プライバシーの権利のほかに，知る権利，環境権，自己決定権などがある。

絶対暗記

- **環境権**…環境基本法
- **知る権利**…情報公開法や情報公開制度で保障される。
- **プライバシーの権利**…個人情報保護法

第3日 国会，内閣

▶p.13

Check

①立法　②二院制(両院制)
③優越　④小選挙区比例代表並立制
⑤常会(通常国会)　⑥予算(案)
⑦本会議　⑧公聴会
⑨国会議員　⑩国務大臣
⑪議院内閣制

記述問題

衆議院を解散するか内閣が総辞職する。

▶p.14〜15

入試実戦テスト

1 (1)ア　(2)ウ
(3)P…4　Q…18　R…25　S…30
(4)ウ　(5)議院内閣制　(6)イ，ウ

2 (1)X…ウ　Y…ア　Z…イ
(2)両院協議会
(3)例審議を慎重に行うため。

解説

1 (1)**ア**．条例の制定は，都道府県や市町村などの地方自治体の仕事。→×
イ．憲法第60条により，国会の仕事。→○
ウ．憲法第64条により，国会の仕事。→○
エ．憲法第61条により，国会の仕事。→○
(2)**X**．「国会は，国権の最高機関であって，国の唯一の立法機関である」と憲法第41条で定められている。→×
Y．国政調査権は，憲法第62条で両議院に認められると定められている。→○

(3)**P**．衆議院議員は参議院議員と比べて任期が短く解散がある。そのことが衆議院の優越が認められる原因となっている。
Q．第二次世界大戦直後の選挙法改正により，選挙権は長い間，「20歳以上の男女」とされていたが，社会情勢の変化に対応して2016年より「18歳以上の男女」と改正された。
R．衆議院議員のほか，地方議会の議員や市区町村長も被選挙権は25歳以上とされている。
S．参議院議員のほか都道府県知事も被選挙権は30歳以上とされている。

(4)最高裁判所長官の任命は天皇が国事行為として行い，内閣はその指名を行う。また，最高裁判所裁判官の罷免(ひめん)は，国会による弾劾(だんがい)裁判か国民審査に限られる。

(5)議院内閣制を採用している日本では，国会が指名した内閣総理大臣を中心に内閣が組織され，国会に対して連帯して責任を負う。衆議院議員の総選挙が行われたときには，内閣は必ず総辞職し，選挙結果をふまえて国会が指名した内閣総理大臣によって，新しい内閣がつくられる。

(6)**ア**．条約は内閣が締結(ていけつ)し，国会が承認する。→×
イ．予算は，内閣が作成した予算案を国会が審議する。→○　なお，予算は1月に召集される常会(通常国会)で審議される。また，衆議院には予算の先議権が認められている。
ウ．法律案は，内閣と国会議員が提出できる。→○　なお，現在では，内閣が提出する法律案のほうが圧倒的多数である。
エ．弾劾裁判は，問題のあった裁判官を辞めさせるかどうかを国会で審議するもので，国務大臣の罷免を審議するものではない。→×

ミス注意！ 国会と内閣

● **国会**
→立法権をもつ。法律を制定する。

● **内閣**
→行政権をもつ。政令を出す。

絶対暗記

○ **国会の主な仕事**…法律の制定，予算の審議・議決，条約の承認，国政調査権，弾劾裁判所の設置，内閣総理大臣の指名，憲法改正の発議など。

○ **内閣の主な仕事**…法律の執行，条約の締結，予算案の作成，政令の制定，最高裁判所長官の指名とその他の裁判官の任命，天皇の国事行為に対する助言と承認など。

2 (1)法律案は衆議院，参議院のどちらに先に提出してもよいが，予算の場合は必ず先に衆議院に提出される。また，予算の場合，参議院の議決なしに成立することもある。衆議院が予算を可決した後，30日以内に参議院が議決しない場合は，衆議院の議決だけで予算は成立する。
(2)両院協議会は，両院の議決が異なった場合，一方の議院が求めれば開かれるが，内閣総理大臣の指名，予算の議決，条約の承認の場合は，必ず開かれる。
(3)日本の衆議院と参議院のように2つの議院で構成される場合を二院制といい，1つの議院で構成される場合を一院制という。一院制の場合，短時間で議決ができるが，審議に間違いが生じやすい。二院制は一院制より議決までに時間がかかるが，慎重に審議することができる。

ミス注意！ 衆議院と参議院

● **衆議院**
→定数465人。任期4年。解散がある。

● **参議院**
→定数248人。任期は6年(3年ごとに半数を改選)。解散がない。

絶対暗記

○ **衆議院のみにある**…予算の先議権，内閣不信任決議

○ **衆議院の再議決を行う**…法律案の議決

○ **衆議院の議決を優先**…内閣総理大臣の指名，条約の承認，予算の議決

第4日 裁判所，三権分立

▶p.17

Check

①高等裁判所　②司法権の独立
③弾劾(だんがい)裁判　④民事裁判
⑤検察官　⑥三審制　⑦控訴(こうそ)
⑧抑制(よくせい)　⑨司法権　⑩立法権
⑪憲法の番人

記述問題

法律などが憲法に違反していないかどうかを審理すること。

▶p.18〜19

入試実戦テスト

1 (1)ウ　(2)Y　(3)弾劾　(4)国民審査

2 (1)①ア　②エ
(2)①刑事裁判　②B　③控訴

3 (1)上告
(2)A…再審　B…裁判員　(3)エ
(4)例審理の誤りを防ぎ，人権が侵害されないようにするため。

解説

1 (1)**ア**．下級裁判所裁判官は最高裁判所が指名し，内閣は任命を行う。

イ．条例の制定は地方公共団体の地方議会の仕事である。

ウ．予算は，内閣が予算案を作成し，毎年１月に召集される常会(通常国会)で衆議院から審議され，議決される。

エ．内閣総理大臣の指名は国会が行う。なお任命は，天皇が儀礼的に行う国事行為の１つである。

絶対暗記
- ○ **最高裁判所**
- ○ **下級裁判所**…高等裁判所，地方裁判所，家庭裁判所，簡易裁判所

(2)違憲立法審査とは，制定された法律が憲法に反していないかどうかを裁判を通じて判断するもの。したがって司法機関から立法機関へのはたらきかけである。

(3)Ａは国会から裁判所への抑制を示している。弾劾裁判は国会で開かれ，行いに問題のあった裁判官について，国会議員が審議する。

(4)最高裁判所裁判官の国民審査は，衆議院議員の総選挙と同時に行われ，投票総数の過半数が不適任であるとした場合は，その裁判官はやめなければならない。

ミス注意！　国民審査
- ● **国民投票**
  →憲法改正の是非を決めるときなどに行う。
- ● **国民審査**
  →最高裁判所裁判官が適正かどうか国民が投票によって審査する。

2 (1)司法権の独立については，憲法と法律のみに拘束(こうそく)されることと，特別の身分保障がポイントである。

絶対暗記
- ○ **司法権の独立**…裁判官は自己の良心と憲法・法律のみに従って裁判を行う。裁判官は，心身の故障の場合，国民審査で不適任とされた場合，弾劾(だんがい)裁判で不適任とされた場合をのぞいて，勝手にやめさせられない。

(2) ① 検察官が出席していること，訴えられた人が「被告人(ひこくにん)」と呼ばれていることに注意する。

②起訴とは裁判所に対して裁判を要求すること。民事裁判では，訴えを起こした側は原告と呼ばれる。

③第二審を求めることを控訴(こうそ)，最終審を求めることを上告(じょうこく)という。

ミス注意！　裁判の種類
- ● **刑事裁判**
  →犯罪事件について審理。検察官が被疑者(ひぎしゃ)を取り調べ，容疑が固まると被告人として起訴する。
- ● **民事裁判**
  →私人間の争いを審理。判決前に調停による和解や，訴訟の取り下げを行うことができる。

3 (1)刑事裁判では，上告された第三審は必ず最高裁判所で行われる。民事裁判では，第三審は高等裁判所で行われる場合がある。

(2)**Ａ**．裁判の誤りを証明する新たな証拠が発見された場合は，再審制度で裁判のやり直しを求めることができる。

Ｂ．法律の専門家だけにまかせるのでなく，市民の常識的な感覚に基づく判断も必要ということで重大な刑事裁判の第一審に導入されたのが裁判員制度である。

絶対暗記
- ○ **裁判員制度**…有権者からくじで選ばれた６人の裁判員が，３人の裁判官

と審理を行う。社会的に重大と判断された刑事事件の第一審が対象。

(3)**ア**．公正取引委員会の役割。→×
イ．検察審査会の役割。→×
ウ．裁判所の役割。→×
エ．日本司法支援センター(法テラス)は，司法制度改革の一環として，裁判制度の利用を容易にし，弁護士など法律専門識者のサービスをより利用しやすくするため，2006年に設置された。→○
(4)近年，誤った判決のために，無実であるにも関わらず懲役などによって自由を奪われる事例が出ている。そうした事態を避けるために，何度も裁判を行うことによって審理の誤りを防いで，個人の人権を守ろうとしている。

ミス注意！ 三審制
- **起訴**
  →第一審の訴えをおこすこと。
- **控訴**
  →第一審の判決が不服で，第二審の訴えをおこすこと。
- **上告**
  →第二審の判決が不服で，第三審の訴えをおこすこと。
- **抗告**
  →家事事件・少年事件などの決定・命令が不服で，上級の裁判所に訴えをおこすこと。

第5日 選挙，地方自治

▶p.21

Check

①平等選挙　②与党　③野党
④連立政権(内閣)　⑤世論
⑥地方公共団体　⑦民主主義
⑧条例　⑨解散権(条例や議決の再議を求める権限)　⑩地方分権
⑪地方税　⑫国庫支出金
⑬3分の1

記述問題

政治で実現したい理念や，政権を担当したときに実施する政権公約。

▶p.22～23

入試実戦テスト

1 (1)普通選挙　(2)エ
(3)例有権者数にしめる投票者数の割合が小さくなり，国民の意思が政治に反映されにくくなる

2 (1)直接請求権
(2)オンブズマン(オンブズパーソン)制度
(3)Z→X→Y　(4)エ　(5)エ

解説

1 (1)日本の普通選挙制は，1925年に初めて実現した。しかし，このときの普通選挙は「25歳以上のすべての男子」にのみ認められ，女子には選挙権が認められていなかった。その後，第二次世界大戦後の民主化の中で，1945年に「20歳以上のすべての男女」に選挙権が認められるようになり，2015年には年齢が「18歳以上」へと引き下げられた。

(2)**ア**．島根県の有権者数は，2016年のほうが少ない。→×
イ．北海道の議員一人あたりの有権者数は，2016年のほうが少ない。→×
ウ．2013年における一票の格差は，1149739÷293905＝3.91…で，5倍以上ではない。→×

エ．2016年における一票の格差は，768896÷535029＝1.43…で，1.5倍以下である。→○

一票の格差の問題は，平等権に反するという考えから，格差を少なくするために選挙区を調整した例である。

(3)資料から，第45回は72.0÷103.9×100＝約69％，第48回は57.0÷106.1×100＝約54％と，有権者数に占める投票者数の割合が低いことを読み取ることができる。投票率が低くなると，一部の人の意思によって政治が動かされることにつながるため，国民全体の意思が反映されにくくなると考えられる。

絶対暗記

- **都道府県知事**…選挙権は18歳以上，被選挙権は30歳以上。
- **市町村長**…選挙権は18歳以上，被選挙権は25歳以上。

2 (1)住民の**直接請求権**には，条例の制定・改廃請求，監査請求，議会の解散請求，首長・議員の解職請求(リコール)があるが，必要な有権者の署名数には**50分の1**以上と，**3分の1**以上があるので，請求先とともに整理しておく。解散と解職については，請求が成立すると住民投票が行われ，ここで投票総数の過半数の賛成があれば，解散・解職が行われる。直接請求権は，住民投票とともに住民が直接政治的な判断をする**直接民主主義**のしくみを取り入れたものである。

絶対暗記

- **有権者数の3分の1以上の署名が必要**…議会の解散請求，首長や議員の解職請求(リコール)。
- **有権者数の50分の1以上の署名が必要**…条例の制定・改廃請求，監査請求。

(2)**オンブズマン**(オンブズパーソン)は，住民の中から選ばれた人たちが，地方公共団体の行政を監視し，問題がある場合には，地方公共団体に是正措置(ぜせいそち)の要求などの勧告(かんこく)を行う。

(3)地方自治の直接請求権の流れとしては，まず，請求に必要な署名数を住民が集める必要がある。その署名を提出先(条例の制定・改廃の場合は首長)に提出し，その後，議会で審議される。

(4)**ア**．学校のうち，都道府県立の高等学校などや市区町村立の小中高等学校などの運営を地方公共団体が行う。
イ．下水道のほか，上水道の整備や管理を，地方公共団体のうち，主に市区町村が行う。
ウ．ごみの収集は，地方公共団体のうち，主に市区町村が行う。
エ．法律は国会で制定される。地方公共団体が決める，その地域だけに適用されるきまりは条例という。

(5)**ア**．首長は，地方議会の指名ではなく，住民の直接選挙で選ばれる。→×
イ．地方議会は首長と対等の関係であり，必要に応じて首長の不信任決議を出すことができる。→×
ウ．首長は，不信任が議決されたとき，地方議会を解散することができる。→×
エ．首長は，条例の制定などで地方議会の議決に同意できないときは，議決の再議を求めることができる。

ミス注意！ 地方議会は首長に対して不信任決議を出すことができる。また，不信任決議が可決された場合に，首長は地方議会を解散することができる。この関係は国の国会と内閣の関係と共通している。

第6日 消費生活と経済

▶p.25

Check

①消費支出　②非消費支出
③貯蓄　④電子　⑤消費者基本法
⑥クーリング=オフ制度
⑦製造物責任法(PL 法)　⑧流通
⑨商業　⑩流通の合理化

記述問題

支払いのときに困らないよう，計画的に利用する。

▶p.26〜27

入試実戦テスト

1 (1)ア　(2)家計　(3)イ
(4)例一定の期間内であれば，契約を取り消すことができる。

2 (1)銀行
(2)a…イ　b…ウ　c…ア
(3)①例手元に現金がなくても買い物することができる。(買い物のときに多額の現金を持ち歩く必要がない。)
②例支払い能力を考えて，計画的に利用しなくてはいけない。(支払いのときに，口座に十分な金額があるかどうか注意して利用しなくてはいけない。)

解説

1 (1)最初の一文から，消費者と企業，政府の中で，商品の性能などについて最も情報をもっているものを考える。消費者や政府よりも企業(生産者)のほうが情報をもっているのが一般的なので，Qは企業となる。また，次の一文より，消費者が政府の権利を守るのか，政府が消費者の権利を守るのかを考える。政府が消費者の権利を守るのが一般的なので，Pが消費者，Rが政府となる。

(2)企業に労働力などを提供し，賃金などを受け取っていることから，あてはまるのはわたしたち家庭の消費者となる。家庭が行う経済活動を家計という。

(3)X．POSシステムとは，レジやバーコードを利用して，商品の売れた数量や時間，購入者の年齢や性別などの情報を読み取り，管理するしくみである。→○
Y．大規模小売業者は，生産者から直接商品を仕入れて流通の合理化を進め，流通費用を削減している。→×

(4)クーリング=オフ制度の導入によって，消費者があまり深く考えずに契約してしまった場合などに契約を取り消すことができるようになった。

絶対暗記

- **クーリング=オフ制度**…訪問販売や電話勧誘販売などで商品を契約した際，8日以内であれば，消費者が無条件で契約を解除できる制度。
- **製造物責任法(PL 法)**…欠陥商品で消費者が被害を受けたとき，過失の有無にかかわらず，企業側に責任を負わせることを定めた法律。

2 (1)お金を預かるだけでなく，代金の決済を代行するのは銀行である。
(2)通常の売買ならば，商店から個人へ商品が動き，個人から商店へお金が動くが，**クレジットカード**による購入の場合は，クレジット会社が立て替えて支払い，個人の銀行口座から引き落としで決済という流れが加わる。

(3)クレジットカードによる買い物は，現金を必要としないという便利な点はあるが，これは借金をして買うのと同じであり，後日返済しなければならない。したがって返済が可能なのかどうかを常に意識しておかないと，返済能力以上に買ってしまうことになる。

ミス注意！ **クレジットカードとプリペイドカード**

● **クレジットカード**
→消費者がこのカードを使って商品を購入すると，カードの信託会社が立て替え払いをし，あとで消費者の銀行口座から代金を引き落とす。

● **プリペイドカード**
→消費者が事前にカードにお金をチャージすることで，チャージした金額分だけ現金のように買い物することができる。

第7日 生産のしくみと労働

▶p.29

Check

①資本主義経済　②労働力　③企業
④起業　⑤株主　⑥株主総会
⑦配当　⑧証券取引所　⑨労働組合
⑩労働基準法
⑪ワーク=ライフ=バランス

記述問題

多くの資金を集めるため。（事業を拡大するため。）

▶p.30〜31

入試実戦テスト

1 (1)終身雇用（制）　(2)エ
(3)ウ　(4)エ

2 (1)配当　(2)エ

3 (1)労働基準法　(2)ア

解説

1 (1)定年までの雇用を保障する終身雇用制，年齢と勤続年数にしたがって賃金が増えていく年功序列賃金，同じ会社に勤めていれば職種が違っても同じ労働組合に加入する企業別労働組合が，日本の雇用関係の特色とされていた。

絶対暗記

○ **年功序列**…年齢順にしたがって昇進し，給料が上がるしくみ。

○ **終身雇用**…一定の年齢になるまで同じ会社に勤めることができる制度。

(2)**ア**．ODA は政府開発援助の略称。→×
イ．NGO は非政府組織の略称。→×
ウ．インフォームド=コンセントとは，患者が手術などを受ける際に，医師から十分に説明を受けて同意を得ること。→×
エ．ベンチャー=ビジネスはベンチャー企業とも呼ばれ，先進技術を活用して，近年，急成長している。→○

(3)**A**．中小企業の割合が大企業に比べて圧倒的に多いので，企業数を示している。**C**．大企業の割合のほうが中小企業よりも多いので，売上高を示している。残る**B**が従業員総数を示している。

(4)**ア**．公正取引委員会が監視するのは企業による市場の独占である。**イ**．個人で事業を行っている場合でも，個人企業といって企業の１つである。**ウ**．環境基本法ではなく，独占禁止法が正しい。**エ**．株式会社などの法人企業が国に納める税金には法人税や消費税，都道府県に納める税金には事業税，住民税などがある。

2 (1)株式会社は，株主から集めた資金をもとに利潤を目的として生産を行い，獲得した利潤は，事業を拡大するために再投資されたり，配当として株主に分配されたりする。

ミス注意！ **私企業と公企業**

- **私企業**
  →利潤を目的とした企業。株式会社など。
- **公企業**
  →社会生活の維持などを目的に地方公共団体などが運営。

(2)株主は，資金を出資することで株主総会に出席し，経営の基本方針について議決権をもつことができる。会社が倒産した場合も，出資金額以上の責任を負うことはない。経営者は，株式を発行して，多くの資金を広く集めて経営を行う。事業を行って得た利潤の一部を，配当として株主に分配する。

ミス注意！ **株主と経営者**

- **株主**
  →資金を出資，株主総会に出席して経営方針を決定，利潤の一部を配当として得る。
- **経営者**
  →株主から資金を集める，取締役会で仕事の具体的な方針を決定，役員として株主総会に出席。

3 (1)労働基準法のほか，労働組合法，労働関係調整法をまとめて労働三法と呼ぶ。

ミス注意！ **労働三権と労働三法**

- **労働三権**
  →団結権，団体交渉権，団体行動権
- **労働三法**
  →労働基準法，労働組合法，労働関係調整法

(2)**ア**．ワーク(仕事)とライフ(生活)のバランスを取って豊かにくらすこと。→○
イ．バリアフリーとは，施設や公共交通機関で段差をなくすなどして障がいのある人が利用しやすくすること。→×
ウ．インフォームド=コンセントとは，患者が手術などを受ける際に，医師から十分に説明を受けて同意を得ること。→×
エ．オンブズパーソンとは，住民からの苦情を受けて，公正かつ中立の立場から行政の不正などを調査し，必要があれば地方公共団体に改善の勧告を行う人のこと。→×

第8日 市場のしくみと金融

▶p.33

Check

①供給量　②下がる
③均衡価格　④独占価格
⑤公正取引委員会
⑥金融　⑦利子
⑧中央銀行　⑨銀行の銀行
⑩政府　⑪労働力　⑫税金

記述問題

価格の変動によって国民の生活に与える影響が大きいため。

▶p.34〜35

入試実戦テスト

1 (1)A…サービス　D…独占
(2)**エ**　(3)**ア**
(4)例価格が下がりにくくなる。
(価格が上がりやすくなる。)
(5)**ウ**

2 (1)①**イ**　②**イ**　(2)**ア**

解説

1 (1)A．**商品**も**サービス**も，私たちが衣食住などの生活を営むために消費するものだが，形のあるものが商品(財ともいう)，形のないものがサービスである。

D．少数の企業による市場の支配を**独占**という(厳密には1社による支配が独占，少数の企業による支配は**寡占**(かせん)という)。

絶対暗記
- **寡占**…数社で市場を占めている状態。
- **独占**…1社で市場を占めている状態。

(2) ① 商品が160個売れ残ることは，供給量が需要量より160個多い場合である。
②商品が売れ残るのは，需要量より供給量が多い場合，商品が不足するのは需要量より供給量が少ない場合である。価格が400円のときをみると，需要量が600個，供給量が280個なので，600－280＝320より，320個不足する。

(3)政府や地方公共団体が認可したり決定したりする料金を**公共料金**という。

ア．ガソリンの料金は，企業が自由に決められる。

イ．鉄道運賃の決定には政府の認可が必要である。

ウ．都市ガス料金の決定には政府の認可が必要である。

エ．公立学校の授業料は地方公共団体が決定する。

(4)消費者が独占(寡占)価格で不利益を受けないよう，公正取引委員会が独占禁止法に基づき，企業を監視，指導している。

(5)供給の変化に関係する選択肢は**ウ**だけである。**ア**は，休日に旅行する人が多いことと宿泊料金との関係を表しており，需要と価格の関係を述べたものである。

ミス注意！ **需要量と供給量**
- **需要量**
  →消費者が買おうとする量。
- **供給量**
  →生産者が売ろうとする量。

2 (1)お金の貸し借りには必ず利子が発生する。通常は貸し出しの際の利子率のほうが預け入れの際の利子率よりも高く設定されており，その差が，銀行などの金融機関の利潤(もうけ)となる。

(2)**ア**．**公共料金**は国や地方公共団体が認可・決定する。従ってこれが誤り。

イ．銀行の銀行としての役割の説明であるので正しい。

ウ．政府の銀行としての役割の説明であるので正しい。

エ．発券銀行としての役割の説明であるので正しい。

絶対暗記
- **政府の銀行**…政府の資金の出し入れを管理。
- **銀行の銀行**…一般の銀行に資金を貸し出し，預金の受け入れを行う。
- **発券銀行**…紙幣(しへい)を発行する。

第9日 財政と国民の福祉

▶p.37

Check

①国債(公債)　②直接税　③法人税
④社会資本　⑤生存
⑥公衆衛生　⑦年金保険
⑧介護保険　⑨社会福祉
⑩公害　⑪循環型社会

記述問題

所得が増えるにつれて課税率が高くなるしくみ。

▶p.38〜39

入試実戦テスト

1 (1)a…オ　b…イ　c…介護(かいご)

(2)イ

(3)例40歳以上の人が納める介護保険料

(4)①エ　②ア

2 (1)間接税

(2)(しくみ)累進課税(るいしんかぜい)(制度)

(理由)例納税者の負担のつりあいをはかるため。(所得の格差の縮小をはかるため。)

(3)イ　(4)A…政府　B…企業

(5)労働力　(6)イ

解説

1 (1)a．(30+64+6)÷6=16.6… より約17人に1人である。

b．(15+68+17)÷17=5.8… より約6人に1人である。

(2)**イ**の出版社は私企業である。

(3)**介護保険制度**は40歳以上の人が納める保険料などをもとにして成り立っている。2000年から始まった。

(4)日本の財政は国民からの借金から成り立っている割合が大きい。

ミス注意！　公債金と国債費

- **公債金**
  →歳入。国民からの借金。
- **国債費**
  →歳出。国債の元金と利子の返済のための費用。

2 (1)税金は，大きく分けて担税者(税を負担する人)と納税者(税を納める人)が同じである**直接税**と，担税者と納税者が異なる**間接税**がある。たとえば間接税である**消費税**は，税を負担するのは商品やサービスを購入した消費者であるが，実際に税を納めるのは商品やサービスを販売した業者である。

絶対暗記

- **国税**…国に納める税。所得税や法人税。
- **地方税**…地方公共団体に納める税。

(2)同じ税率で税を負担した場合，所得の少ない人は生きるために必要な資金も残らなくなる可能性も出てくる。支払い能力の高い人により多くの税を負担させるしくみが**累進課税**(制度)で，財政の役割の1つである所得の再分配にあたる。

(3)歳入の内訳として，公債の発行による収入である**公債金**の割合は大きい。**ア**は公債金，**ウ**は消費税，**エ**は酒税にあたる。

(4)社会資本とは，道路や港湾，公立学校など，多くの人が共同して利用する施設のことであり，社会資本を充実させることは，財政の役割の1つである。

(6)国の責任で国民の生存権を保障するのが社会保障であり，直接生活費を給付するのは**公的扶助**(ふじょ)にあたる。

第10日　国際社会と人類の課題

▶p.41

Check

①主権国家　②領空　③条約

④総会　⑤5

⑥ PKO(国連平和維持活動)

⑦南北問題

⑧核拡散防止条約(NPT)

⑨地球温暖化　⑩持続

記述問題

常任理事国の1か国でも反対すると議決できないこと。

▶p.42〜43

入試実戦テスト

1 (1)**ア**　(2)**イ**
(3)例**地球の温暖化が進んだため。**
(4)**(核兵器を)持たず，作らず，持ちこませず**

2 (1)a…**領海**　b…**200**　(2)**平和**

3 (1)a…**イ**　b…**ウ**　(2)**ア**

解説

1 (1)国際組織のアルファベット略称はよく整理しておくこと。なお，UN がつけば国連○○，Wがつけば世界○○，Ｉがつけば国際○○の略称と考えればよい。

ア．UNICEF（ユニセフ）は国連児童基金の略称。

イ．WHO は世界保健機関の略称。

ウ．UNHCR は国連難民高等弁務官事務所の略称。

エ．UNESCO（ユネスコ）は国連教育科学文化機関の略称。

ミス注意！　国連の機関

- **UNESCO**
  →国連教育科学文化機関。本部はパリ。教育や文化の振興を通じて，平和の浸透（しんとう）をめざしている。世界遺産の登録を行う。
- **UNICEF**
  →国連児童基金。本部はニューヨーク。戦争や内戦などで被害を受けている国や地域の子どもの支援活動を中心に行う。

(2)**青年海外協力隊**は，**JICA**（ジャイカ）(独立行政法人国際協力機構)を通じて，発展途上国の支援のために派遣される。

(3)**地球温暖化**とは，地球全体の気温が上昇する現象のことで，その主な原因は排出された**二酸化炭素**が地球を包み，温室効果をもたらすためと考えられている。

(4)**非核三原則**は，1967 年，国会質問の答弁で政府が表明した。「持ちこませず」とは，国内のアメリカ軍基地に核兵器を置くことは認めないという意味である。

絶対暗記

- **常任理事国**…**アメリカ合衆国，イギリス，フランス，ロシア連邦，中国**の 5 か国。**拒否権**をもつ。
- **非常任理事国**…国際連合加盟国から任命される。任期は 2 年。10 か国。毎年半分の 5 か国を改選。

2 (1)領海は，従来，艦船からの砲弾が届かない範囲ということで，3 海里以内とされてきたが，12 海里以内に拡大された。領空とは，領土と領海の上空だが，高さは大気圏内とされており，人工衛星が周回する宇宙空間は含まれない。

ミス注意！　海洋の区分

- **領海**
  →日本の場合，海岸線から 12 海里まで。主権が及ぶ。
- **排他的経済水域**
  →領海の外側で，海岸線から 200 海里まで。水産資源や鉱産資源は沿岸国が使う権利がある。
- **公海**
  →どの国の主権も及ばない海域。

3 (1)東ドイツは 1990 年に西ドイツと統一して現在のドイツとなった。

(2)現在はシリアやウクライナなどの紛争地域の周辺で多くの難民が発生している。

ミス注意！　ドイツとユーゴスラビア

- **ドイツ**
  → 1949 年に西ドイツと東ドイツに分裂。1989 年にベルリンの壁が崩壊。1990 年に統一。

- **ユーゴスラビア**
  →複数の民族で構成されていた多民族国家。1991年にスロベニア，クロアチア，マケドニアが独立。1992年にボスニア=ヘルツェゴビナが独立。2003年にモンテネグロとセルビアが分離・独立。2008年にセルビアからコソボが独立。

総仕上げテスト

▶p.44～47

1 (1)**イ**　(2)**勤労**　(3)**三審制**
(4)**ウ**　(5)**イ**
(6)**(権利)日照権**
(工夫と効果)例建物を階段状にする工夫が施されていて，まわりの建物の日当たりをさまたげない効果がある。
(7)**イ**

2 (1)**エ**　(2)**独占禁止法**　(3)**イ**
(4)①**社会保険**　②**国債**　(5)**ウ**

3 (1)①**南北**　② **ODA**
(2)**ウ**　(3) **NGO(非政府組織)**

解説

1 (1)**ア**．日本国憲法第21条①に「集会・結社・表現の自由は，これを保障する」とある。精神の自由にあたる。
イ．日本国憲法第22条①に「何人も公共の福祉に反しない限り，居住，移転及び職業選択の自由を有する」とある。これが経済活動の自由にあたる。
ウ．日本国憲法第18条に「何人も，いかなる奴隷的拘束(どれいてきこうそく)も受けない。又(また)，犯罪に因(よ)る処罰の場合を除いては，その意に反する苦役に服させられない」とある。身体の自由にあたる。
エ．日本国憲法第19条に「思想及び良心の自由は，これを侵してはならない」とある。精神の自由にあたる。

絶対暗記
- **身体の自由**…奴隷(どれい)的拘束・苦役からの自由。法定手続きの保障。逮捕や拘禁(こうきん)などに対する保障。刑事手続きの保障。
- **精神の自由**…思想及び良心の自由。信仰の自由。集会・結社・表現の自由。学問の自由。
- **経済活動の自由**…居住・移転・職業選択の自由。財産権の保障。

(2)憲法が国民に課している義務は，「保護する子女に普通教育を受けさせる義務」「勤労の義務」「納税の義務」の3つ。

(3)裁判を受ける権利は，基本的人権を守るための権利の1つであり，そのために，慎重で公正な裁判の機会を保障するのが三審制である。

(4)**ア**．公聴会は，国会の委員会で専門家や関係者の意見を聴くために開かれる。衆・参の両議院で開くことができる。
イ．最高裁判所長官の指名は内閣の権限であって，国会の衆議院と参議院は直接関係しない。
ウ．条約の承認は国会の仕事。したがってこれが正解。
エ．「国政に関する調査」は国政調査権のことで，衆議院と参議院の両方がもつ権限である。

(5)内閣総理大臣は国会議員の中から指名される。国会議員のうち，衆議院議員は25歳から立候補できるので，理論上では，25歳で衆議院議員に当選して，そのまま内閣総理大臣になることができる。

ミス注意！　選挙権と被選挙権

- **選挙権**
  →選挙に投票する権利。
  →18 歳…すべての選挙。
- **被選挙権**
  →選挙に立候補する権利。
  →25 歳…衆議院議員選挙，市町村長選挙，地方議会議員選挙。
  →30 歳…参議院議員選挙，都道府県知事選挙。

(6)写真の建物は，階段状のところが特徴である。階段状にして高層階になるほど建物の面積が少なくなるようにして，近隣の土地の日当たりをさまたげないようにする効果が期待できる。

(7)**ア**．「私的な情報を公開されない」からプライバシーの権利について述べた文である。→×

イ．誤った情報(フェイクニュース)などにまどわされることなく，正しい情報を正確に読み取る力が必要となる。→○

ウ．「国境を越えて移動する動き」からグローバル化について述べた文である。→×

エ．「情報通信技術」から ICT について述べた文である。→×

2　(1)金融を行う代表的な機関は銀行である。ほかの金融機関としては証券会社，生命保険会社などがある。

(2)独占禁止法は，戦前の財閥(ざいばつ)による経済支配への反省から定められた。

(3)個々の税について，国税か地方税か，直接税か間接税かで分類していく。

ア．事業税は都道府県税で直接税。

イ．法人税は国税で直接税。

ウ．固定資産税は市町村税で直接税。

エ．ゴルフ場利用税は都道府県税で間接税である。

(4)国の歳出の中で割合が大きいのは社会保障関係費と国債費である。

(5)「医療保険の保険料を引き下げ」ることは国民負担が小さくなることに，「医療費の自己負担の割合を大きくする」ことは社会保障給付費が減ることにつながる。

3　(1) ① 先進国はヨーロッパや北アメリカなど北半球の中・高緯度地方に多く，発展途上国は低緯度地方や南半球に多いことからこのようによばれる。

ミス注意！　南北問題と南南問題

- **南北問題**
  →地球の南側に多い発展途上国と，北側に多い先進国との間の経済格差と，それに関する問題。
- **南南問題**
  →資源の豊かな発展途上国とそうでない発展途上国との間の経済格差と，それに関する問題。

②日本の ODA は，アジアの国や地域に向けたものが中心である。

(2)**ウ**のフロンガスの中にはオゾン層を破壊するものがあり，その製造は禁じられている。

絶対暗記

- **地球温暖化**…二酸化炭素などの温室効果ガスが原因。
- **オゾン層の破壊**…フロンの大量使用が原因。
- **酸性雨**…大気汚染により空気中に放出された二酸化硫黄などが原因。

(3)NPO(非営利組織)と NGO(非政府組織)は，どちらも市民の参加によって活動を行う団体。国際的な活動を行うのは NGO である。